47㎡、2人暮らし

——大好きだけが並ぶ部屋作り——

RoomStylist
整理収納アドバイザー
安藤秀通（ひでまる）

小学館

はじめまして。
Room Stylist（ルームスタイリスト）・整理収納アドバイザーの安藤秀通（ひでみち）です。
ひでまるという名前で活動しています。
現在、私は47㎡・1LDK・築35年のマンションに
2人で暮らしています。
まずは、我が家の間取りから
ご紹介させていただきます。

ひでまる家の間取り図

［ 47㎡・1LDK・築35年 ］

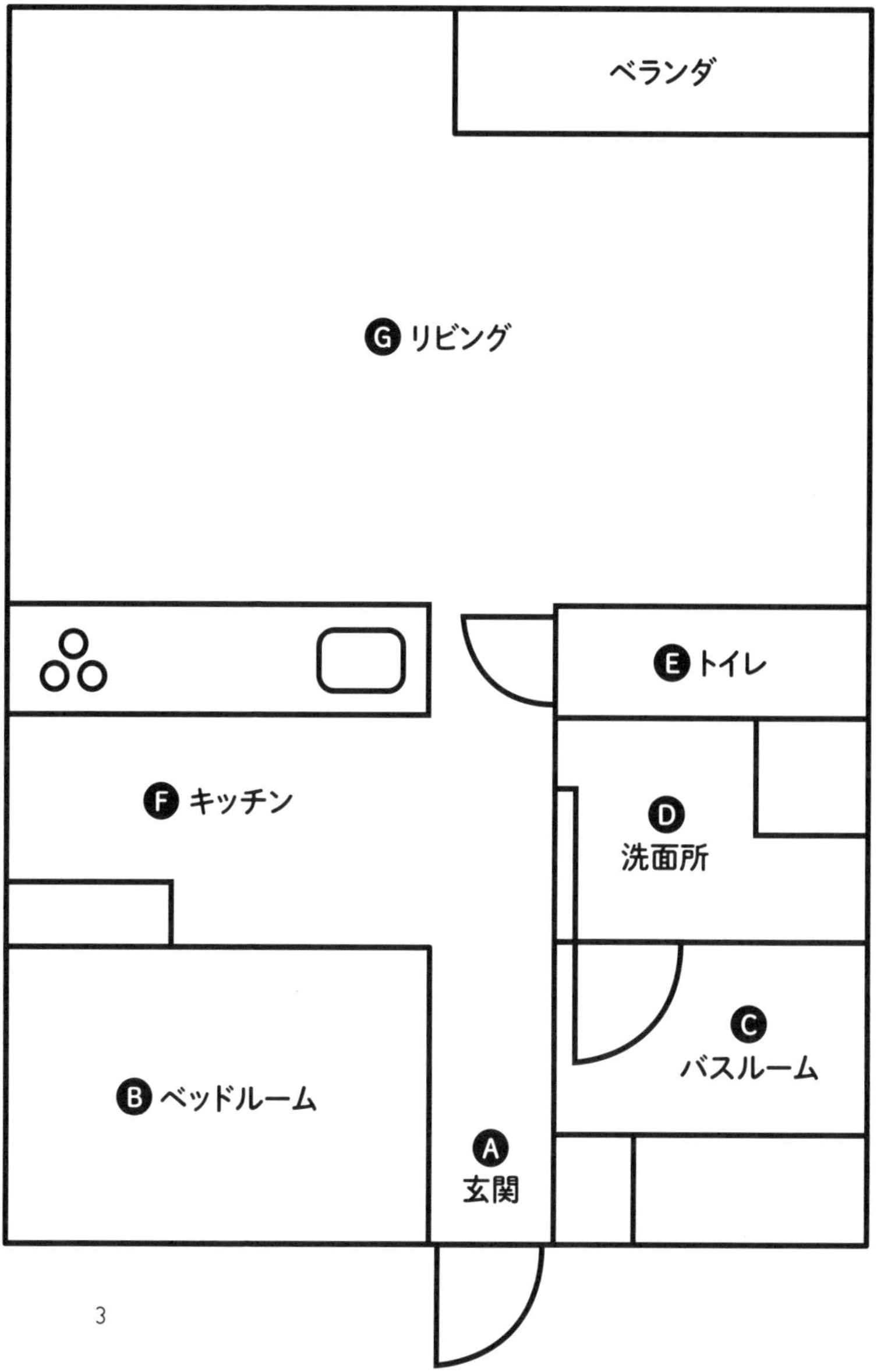

A 玄関

その家の最初の
印象を決める
大事なスペース

B ベッドルーム

リラックスできる癒やしの空間を意識

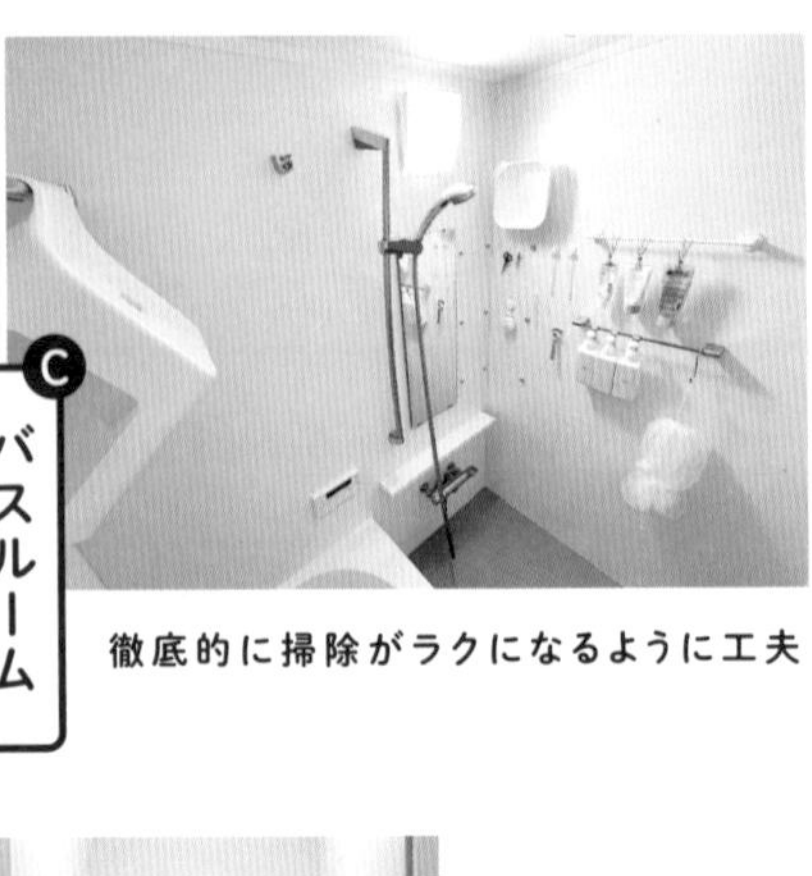

C バスルーム

徹底的に掃除がラクになるように工夫

D 洗面所

デザインや色みが
同じモノでつながりを

E トイレ

青のタイルを活かして
何も置かずシンプルに

F キッチン

モノはできるだけ減らしつつ色合いで統一感

G リビング

主役から脇役まで好きなモノに囲まれた空間

はじめに

この本を手に取ってくださり、ありがとうございます。心から感謝の気持ちを申し上げます。最初に少しだけお話しさせてください。

みなさんは今、片付けがしたい気持ちでしょうか。インテリアで部屋に彩りを加えたい気持ちでしょうか。部屋にモヤモヤを感じていて、漠然とこの本を手に取ってくださった方もいるかもしれません。

ここで出会えたのも何かのご縁です。この本を読んでくださるみなさんの力になりたいと思って、お伝えしたい内容を心を込めて書きました。きっとみなさんが探している「何か」がこの本のどこかに書かれていると思います。

ＲｏｏｍＳｔｙｌｉｓｔ・整理収納アドバイザーの仕事の中で、インテリアや整理収納にハードルの高さを感じている方や、センスがないとできないと思っている方たちにたくさん出会ってきました。以前の私もそう思っていた１人で、家が片付けられない時期はやるべき

ことの優先順位がつけられず、仕事もプライベートもうまくいかなくなっていました。

店頭を装飾するディスプレイの仕事をしていたので、モノを美しくおしゃれに飾ることは好きなはずなのに、散らかった自分の家ではインテリアを作るどころではない状態。毎朝、探し物をして、仕事や約束の時間にギリギリになったり、ひどいときは遅れてしまったり、心がざわつき落ち着かない日々でした。

そんなときに知ったのがインテリアにも、整理収納にも、〝ルール〟があるということ。モノと向き合い、選ぶ過程の中でいつの間にか自分の基準ができ、考えや気持ちも整理されていきました。家が片付いていくと、パートナーのぶたじるさんとの時間を一番大事にしていることに気づきました。自分の本当の気持ちに気づいたことで、セクシュアリティをカミングアウトできたのです。

私の人生はどんどん変わっていき、自分がやりたい仕事をスタートすることもできました。お客様の中にも〝ルール〟を実践して部屋を整えた方や、自分らしい人生を歩きはじめて理想の暮らしをかなえた方たちがたくさんいらっしゃいます。

この本では、理想の整理収納やインテリアは、〝ルール〟に従いさえすれば誰でも実現できることを、HIDEMARULE（ひでまるーる）としてお伝えしていきます。理想の家で癒やしの時間を過ごしていただけたら幸いです。

インテリアや整理収納の悩みを解決する

ひでまる流
暮らしの3原則

1	狭くても理想の空間は作れる。 心地よさと広さは比例しない
2	不要なモノを手放すと 人生に必要なモノを選べる
3	インテリアは“ルール”。 センスは要らない

「部屋が狭いから」「モノがたくさんあるから」「センスがないから」……。みなさんさまざまな理由で、悩まれています。しかし、ポイントをおさえれば、思っているよりもかんたんに、理想の部屋を作ることができますよ

理想の暮らしを実現させる

ひでまる流
ルームスタイリングピラミッド

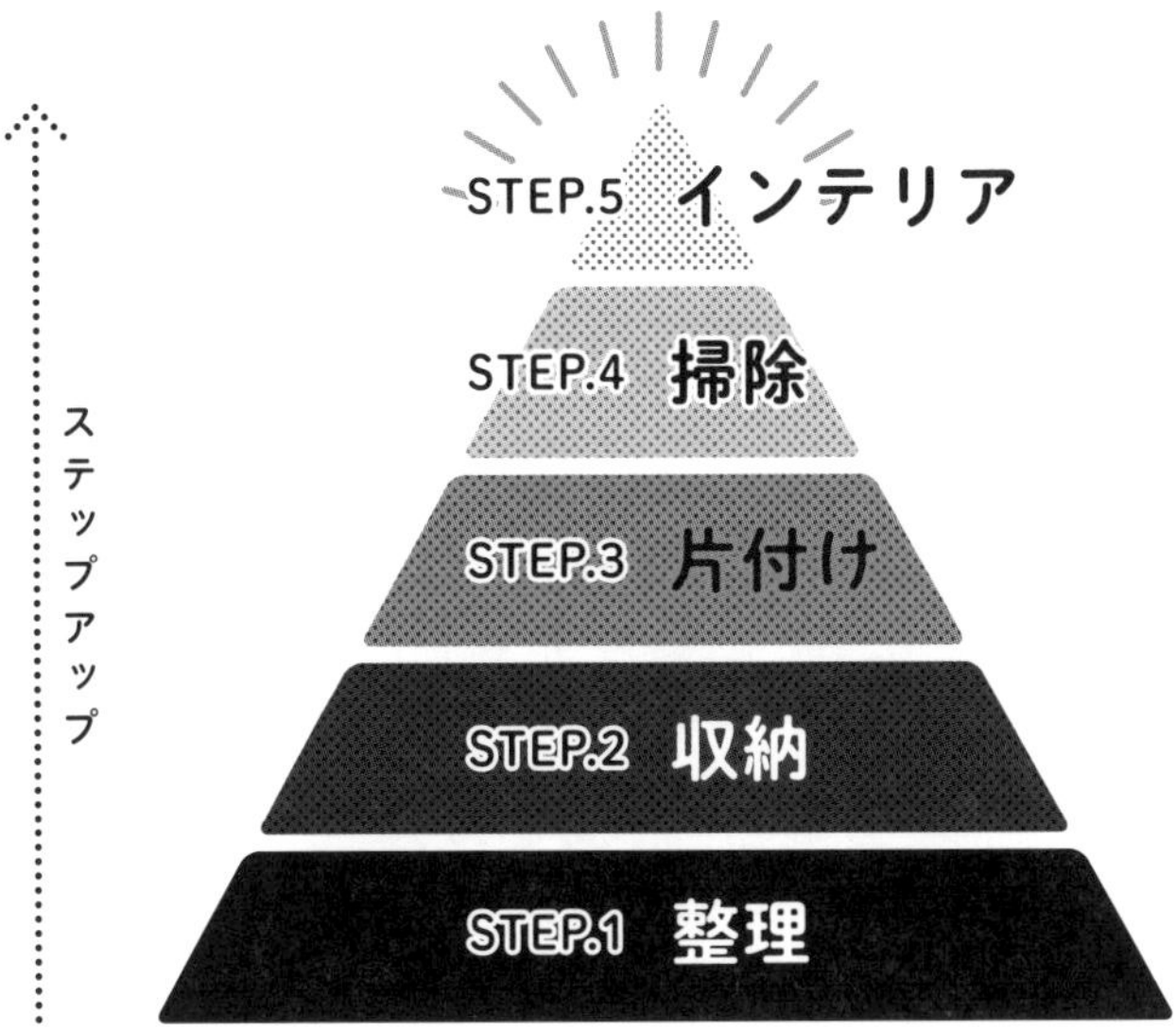

まずは整理をすることからインテリアを整える道ははじまります。1段階ずつステップアップしていくことが、理想の暮らしへの近道なのです。具体的な方法をこれからご紹介していきます

ピラミッドの土台

STEP.1 整理

モノを分別して、使っていない不要なモノ、
好きではないモノを手放すこと

整理するのに全部出す必要はない ☞ P54へ
思い出のモノは捨てなくていい ☞ P50へ
手放しづらい「使っていないモノ」の行き場所 ☞ P44へ

STEP.2 収納

モノの住所を決めること、
モノを使いやすいようにしまうこと

動作・動線を意識した収納作り ☞ P76へ
チームを分けることで探し物をしなくてよくなる ☞ P68へ
「アクションBOX」を活用しよう ☞ P104へ

STEP.3 片付け

モノを元の場所（住所）に戻すこと

STEP.4 掃除

ごみやホコリを取り除くこと

ピラミッドの頂点

STEP.5 インテリア

家具や雑貨で部屋を装飾すること

部屋の見せ場となる主役を決める

☞ P142へ

ベースカラー6：メインカラー3：アクセントカラー1の法則 ☞ P150へ

「3つのモノを三角形に並べる」をこっそり多用する ☞ P158へ

ひでまる流で理想の暮らしを手に入れました！

BEFORE

AFTER

こんなに素敵な部屋になった事に感激しましたが、そのうえ日常の生活動線も考えられているので暮らしやすさがつまっています！　整理収納しやすい部屋で、毎日気持ちよく暮らせています！

40代
男性
1LDK

MOKUJI

第2章 モノの住所を決めて収納すれば部屋は整う

第3章 片付いた家なら掃除もラクにできる

第4章 "ルール"に基づいたインテリアで理想の部屋を作ろう

第5章 〝RoomStylist・整理収納アドバイザーひでまる〟ができるまで

第1章

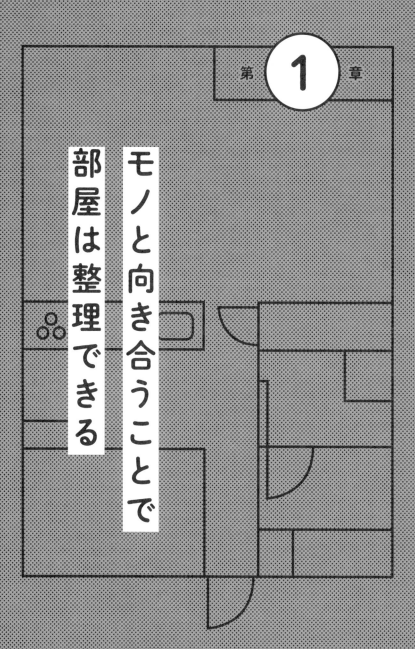

モノと向き合うことで部屋は整理できる

1-1

驚愕（きょうがく）！　モノが家に住んでいた

HIDEMA RULE

モノは気づかないうちに増え続ける。
適正な量まで厳選しよう

「気づけば使っていないモノで部屋があふれている」という人は意外と多いのではないでしょうか？　部屋にモノが入ってくるのはかんたんなのですが、出す（手放す）のは、意識しないとむずかしいことだと思っています。

私も以前はその1人でした。子どもの頃からモノを手放す感覚があまりなくて「なんとなくいつか使うかも」と、家にモノが溜まる一方でした。実家には、バスタオルが使い切れないほどありました。3段のクリアケースすべてがバスタオル。捨てることも得意ではなく、以前使っていたタオルも、数年同じモノを使っていました。

モノが部屋を占領していて、人が暮らすスペースの方が少ないくらいでした。でも当時は、モノをたくさん持っていた方が幸せだと当たり前のように感じていました。

パートナーのぶたじるさんの家に転がり込んだとき、私の荷物は彼の4倍。「元々住んでいる人より荷物が多いね」と笑われてしまいました。でも、最初は「捨てて」とも言われなかったのでそのまま過ごしていたら、半年経った頃、事件が起きました。

私は仕事から疲れて帰ってきたらすぐにソファーに横になるタイプなのですが、ソファーにはいつもぬいぐるみや洗濯物が山のように積み上がっていました。どうにかしたい気持ちよりダラダラしたい気持ちが勝ってしまい、いつものようにソファーでＹｏｕＴｕｂｅを見ていました。

ふと顔を上げると、ぶたじるさんが横に立って「この部屋どうするの？」と静かに激怒していたのです。その手はワナワナと震えていました。

今思うと信じられませんが、**散らかっていても片付ける心の余裕がなく、モノがどんどん増える悪循環に陥っていました。まさに、モノが家を占拠していたのです。**

ぶたじるさんはとてもおだやかな人なのに、部屋が散らかっている状況が長く続き、ついに怒らせてしまいました。

「これではいけない、片付けなきゃ」という思いが、はじめて湧いてきました。

1-2

自分のお気に入りが何か知っていますか？

HIDEMA RULE

モノを選ぶときは「機能性」「デザイン」「ストーリー」で決める

部屋が散らかっていた当時、私は自分がどういう観点でモノを選んでいるのか、はっきりとわかりませんでした。それはモノだけではなくて、人生についての考え方も同じでした。目の前のことを、ただなんとなくこなしていくだけのような毎日だったのです。

整理収納と出会い、モノを厳選していく過程で「どんな人生を送りたいのか」「どんな人と一緒にいたいのか」と、自分と真剣に向き合えるようになってきました。

それは、モノと自分の関係性を考え、「自分には何が必要か」「なぜそれを持っているのか」をつきつめることができたからです。

これまでは、行くあてのない船に乗ってゆらゆらと揺れていたような人生でした。しかし、

「自分に必要なモノは？」と選んでいくことで、船に帆がついて舵取り（かじとり）ができるようになった感覚を、やっと得ました。

私がモノを選ぶ基準は、「①機能性が高い」「②デザインが洗練されている」「③〝バックグラウンドストーリー〟がある」の3点です。

「①機能性が高い」モノとは、ストレスなく、快適に暮らす手助けをしてくれるモノです。

「②デザインが洗練されている」モノとは、出しておいても画（え）になり、インテリアに溶け込むような高いデザイン性があるモノです。

「③〝バックグラウンドストーリー〟がある」モノとは、どのように作られたのか、誰からもらったのか、どこに行ったときに買ったかなど、思い入れがあるモノです。見ていると好きな気持ちが湧きあがってきて、自分に寄り添って励ましてくれるような存在です。

モノを手に取って、そこから感じる〝バックグラウンドストーリー〟を考えてみる。そんな風にモノを選べば、自分が大事にしている基準に気づくことができるかもしれません。

私たちの部屋のシンボルになっている植物、ビカクシダは我が家にあるモノの中で一番のお気に入りです。このビカクシダは、植物として気に入っていることに加えて「③〝バックグラウンドストーリー〟がある」モノなんです。この仕事をはじめたときのお祝いとして、ぶたじるさんがサプライズで贈ってくれました。植物ショップへ一緒に行ったときに、私が欲しいと思って何度も見ていたのをぶたじるさんが覚えていてくれたんです。

このビカクシダを見ると、ぶたじるさんへの感謝や仕事を1人でやっていくと決意した気持ちを思い出して、「がんばろう」と思えます。こうして紹介するときにも、いつも幸せな気持ちになれます。

反対に「別に好きではないけれど、いつか使えそうだな」というモノの9割は、使うときが来ないまま収納に押し込められる、という結果になってしまいがちです。なぜなら、「いつか使うかも」と思うモノは、いざ使いたいときに思い出すことができないからです。

私がお客様のおうちの整理をサポートするときは、その人がどのようにモノを選ぶと納得できるかを一緒に考えてアドバイスをしています。

なぜなら、**モノの選び方の正解は、その人自身の中にしかない**からです。

⬆天井から吊るしているビカクシダは、
我が家にくるまでのエピソードを含めて
思い出深い植物です。

1-3

Tシャツが700枚！いつか着る日は来なかった

HIDEMA RULE

その洋服を着て「会いたい人がいるか」を判断基準にしよう

みなさんはよく着る1軍の洋服を何着お持ちですか？　以前の私は、自分に合う洋服をつねに探していました。家には大量に洋服があって、着ていない洋服もあるのに、さらに買ってしまう。洋服を買うことでストレス発散していたのだと、今ではよくわかります。しかも、たくさんの洋服を持っていても、「着る服がない」と思っていたのです。

それはたぶん、買うときに〝なんとなく〟で決めていたから。試着をしていない洋服も多かったですし、少しでも好きなデザインがあると何も考えずに色違いで買っていました。

いざ家で買った洋服を着てみると、サイズが合わなかったり、合わせる洋服を持っていなかったり、ということが多発していました。

それでも、「いつかは着るかも」とまったく捨てられませんでした。

今では洋服を買うときには、次のことをしっかりと考えるようにしています。

洋服を選ぶときの3つのポイント
①いつ着るのか
②着心地はいいか
③好きかどうか

もちろん、試着はマスト。**その洋服を着て「会いたい人がいるか」「一緒に出かけたい場所はあるか」「鏡に映った自分を好きになれるか」「座ったときに窮屈さを感じないか」**ということを考えて、洋服を選んでいます。

おかげで私のクローゼットには、厳選された1軍のみ20着程度の洋服が並んでいます。どれを着ても特別な日になる、仕事でもプライベートでも着られて、自分らしい時間を過ごせる洋服たちです。

私を変えた土砂降りの日の出来事

私が変わることができたのは、ある出来事がきっかけでした。

元々Tシャツを大量に持っていた私は、ある日思い立って古着屋さんにTシャツを売りに行きました。何枚あるのかも数えないまま、持っているTシャツの半分ほどをイケアの大きなバッグ2袋に詰め込みました。かなりの重量です。

運悪くその日は土砂降りで、びしょびしょになりながらお店にたどり着きました。お店の方にTシャツを数えてもらうと、なんと350枚もありました。

濡れた洋服で1時間査定を待ったあとに提示された金額は、まさかの500円。「何のために持っていたんだろう?」と虚無感を感じました。金額にもがっかりしましたし、環境を破壊している気分にもなりました。

Tシャツを手放すことはつらかったのですが、家にあったTシャツは1軍だけ残し、残りは処分することにしました。

モノを手放すつらさがわかったからこそ、新しく家にモノを入れることに慎重になった出

⬆手前が私のオールシーズンの洋服で、奥はぶたじるさんの洋服。
このクローゼットにかかる分しか洋服は持っていません。

来事でした。

その後、洋服を1軍のみに厳選してからは、以前のように着ないまま洋服を手放すようなことはなくなりました。

洋服を選ぶとき、洗濯物を干すとき、クローゼットのカーテンを開けたとき。洋服を1軍にしてからは、どんなときも明るい気持ちで過ごせるようになりました。1枚1枚を大切にできるようになりましたし、その洋服を着て過ごす時間を大事にできるようになったと感じています。

1-4

部屋を変えたいなら まずは「整理」から

HIDEMA RULE

「ルームスタイリングピラミッド」を土台から作れば理想の空間にできる

部屋を変えたいときには、5つのステップを順に進んでいく必要があります。私はこれを「ルームスタイリングピラミッド」と呼んでいて、ピラミッドのように下の段を土台として、上に1段ずつ積み重ねていきます。そうすることで最終的に理想の暮らしをかなえることができるのです。

「ルームスタイリングピラミッド」の5つの階層

「①整理」モノを分別して、使っていない不要なモノ、好きではないモノを手放すこと（処分する、人に譲るなど）

「②収納」モノの住所を決めること、モノを使いやすいようにしまうこと
「③片付け」モノを元の場所（住所）に戻すこと
「④掃除」ごみやホコリを取り除くこと
「⑤インテリア」家具や雑貨で部屋を装飾すること

「部屋を素敵な空間に変えたい」というお客様に、まずはじめにやっていただくことがあります。それは「①整理」です。**整理ができていない状態は、すなわち「部屋の中に不要なモノがある」ことを指します。**

不要なモノがなくなり、必要なモノと、好きなモノだけの状態になってはじめて、「②収納」のステップに進めるようになります。

収納が完成しモノの住所が決まったら、「③片付け」で日々その部屋を維持していくという順序で、素敵な空間を作っていくのが効率的だと考えています。

そして、片付けができてはじめて、「④掃除」がラクにできるようになるのです。

たとえば、部屋が整理されていないときに掃除をしようとすると、掃除のためにモノを脇によけることになります。それではきちんと汚れを見つけられませんし、モノを動かすことが手間になってだんだん掃除も億劫(おっくう)になってしまうと思います。

部屋に不要なモノがない状態を作ってから、自分が使いやすい収納、片付けやすい部屋を作れば掃除もラクにできるというわけです。

ピラミッドのテッペンにある「⑤インテリア」は、掃除ができていないとせっかく作ったインテリアも輝かなくなってしまいます。

イメージしてみてください。おしゃれな家具があるのに、ホコリやごみでいっぱいになっている部屋は、洗練された空間と言えるでしょうか？　答えは「ノー」ですよね。

部屋の掃除が行き届いているからこそ、理想の空間が作れるのです。

ひでまる流
ルームスタイリングピラミッド

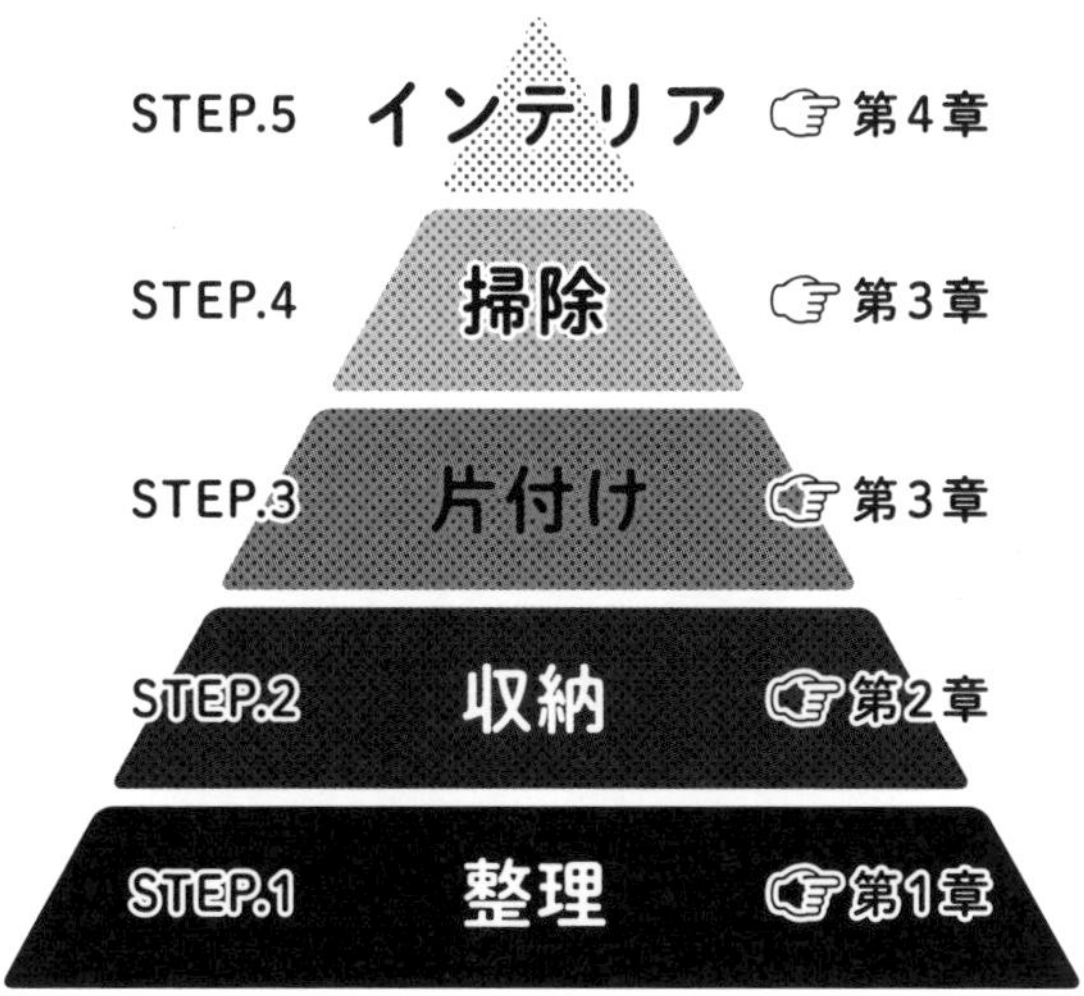

⬆土台にある「整理」ができていなければ、思い通りの「インテリア」を作ることはできません。

1-5

時間と体力をモノに奪われてはいけない

HIDEMA RULE

「おうちにあって幸せ」と思えるモノを選ぼう

「整理」は必要だとわかっていても、なかなかたいへんな作業ですよね。でも、整理をすることで生み出されるものがあります。それは「時間」です。

私は自称「ギリギリ族」。家を出るギリギリまで家事をして、バタバタと出発することがよくあります。

整理する前の私は、一瞬でモノを選ぶということができなかったので、朝の貴重な時間を、モノを探すことばかりに使っていました。「あの靴下を履きたいのに見つからない」「財布がない」「鍵がない」と大慌てで探し回るうちに、朝からぐったり疲れてしまうこともしょっちゅうでした。

整理をして、何がどこにどれくらいあるのかがわかるようになってからは、探し物をすることがなくなり、時間に余裕ができました。不要なモノが多いことで時間を奪われる生活から、卒業できたのです。

急いでいるときにモノを探すと、思った以上に体力を使います。汗をかきながら探し物をして慌てて家を飛び出すよりも、必要なモノをサッとそろえて、ゆっくりとコーヒーでも飲んで余裕を持って出かけられると、そのあとの疲れ方も違ってきます。日々、時間に余裕が持てるように、今こそ、不必要なモノを整理することをおすすめします。

私は「おうちにあって幸せ」と思えるモノだけを厳選しています。以前のように不要なモノが多いために時間や体力を奪われることはなくなって、反対に必要なモノや好きなモノだけがあることで幸せな気持ちになったり、癒やされたりするという体験をしました。

ぜひみなさんにも、この感覚を味わっていただきたいです。

1-6

「捨てる」という思考を手放すことが重要

HIDEMA RULE

モノは「捨てる」ではなく「選ぶ」にフォーカスしよう

私はお客様のおうちに訪問して、整理収納やルームスタイリングのお手伝いをさせていただいています。お客様の中には、訪問する前にあることを心配される方もいらっしゃいます。「ひでまるさんに来てもらったら、お気に入りのモノもたくさん捨てなきゃいけないんですよね？」という不安に対して、私が「いいえ、お気に入りは捨てなくていいんです」とお答えすると、みなさんホッと安心されます。

片付ける＝お気に入りを捨てる＝つらい作業という思考になるのかもしれません。それはきっと、「片付けるには、自分が好きなモノまで捨てなければいけない」と思い込んでしまうからだと思います。好きなモノは捨てなくていいのです。

おうちの中を改めて見回してみると、使っていないモノ、好きではないモノがまだまだあることに気がつくと思います。それらを分けて、不要なモノを手放していくのが整理です。

手放すモノを決めるときは、「捨てる」ことではなく、「好きなモノを選ぶ」ことにフォーカスして考えると、整理が楽しく進められます。

人それぞれ正解は違う

モノの適正量は、人によってそれぞれ違います。モノがたくさんあるからといって、好きなモノまで無理に捨てるのではなく、好きなモノなら持っていた方が幸せだと思います。

そのために、ほかのこだわりのないモノを減らして、収納場所を確保するのです。

裁縫が好きだという人が、たくさんのお気に入りの布を目の前にして「これも使っていないので、お別れですかね」と言っているのを聞いて、全力で止めました。

モノを減らすのが目的ではなく、好きなモノを選ぶ。もし選び方がわからないという人でも、この本を読んでいただければ、必ず答えが出ると思います。

⬆イギリスの大英博物館などで購入したトートバッグ。 ただ眺めるだけで楽しい、 お気に入りのモノたちです。

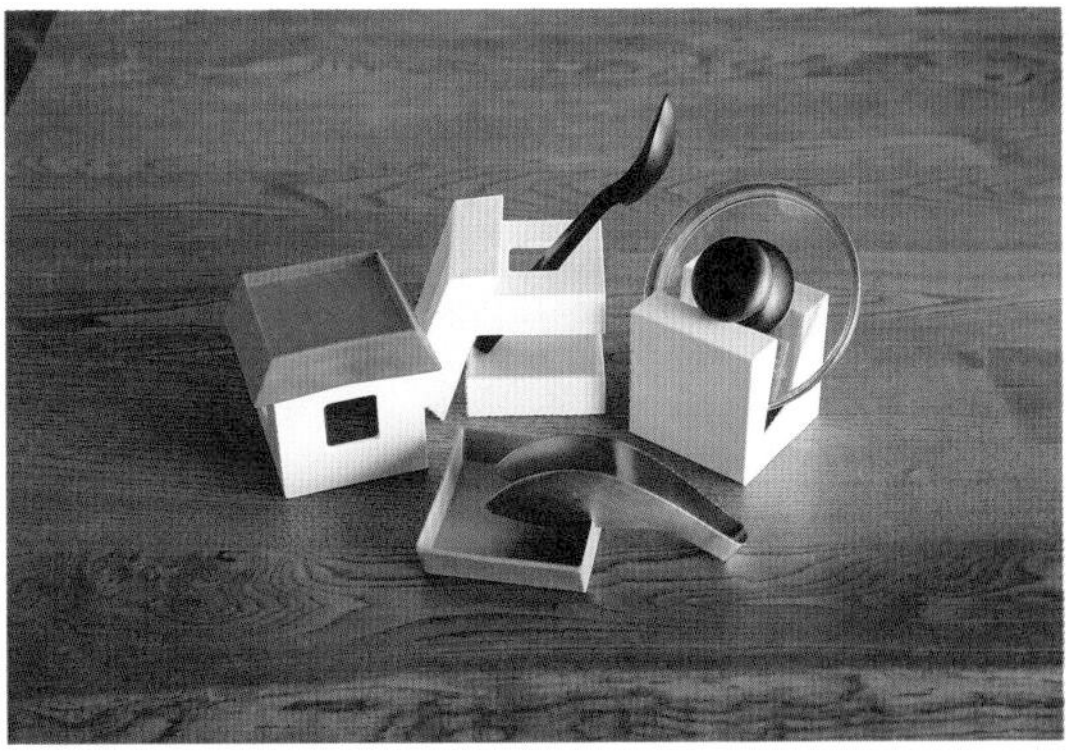

⬆キッチンに置いている家の形のオブジェは、 見た目も好きなうえに、 キッチンツールを置いたりできる優れモノです。

⬆キッチンに吊るしている魚の骨の形をした鍋敷きもお気に入りのひとつ。 魚のモチーフについひかれてしまいます。

1 - 7

判断を早くする基本的な整理の方法

HIDEMA RULE

モノを4つに分類して整理を進めよう

38ページでは、好きなモノを選ぶことの重要性をご紹介しました。さらに、モノを分類して判断する方法もご紹介させてください。

モノは、次のように4つに分類することができます。

「①毎日のように使うモノ」　いつも使っている、生活必需品。お気に入りのモノ（好きな食器や鍋、出番の多い好きなバッグなど）

「②使うときが決まっているモノ」　いつも使うわけではないけれど、必ず使うときが来るモノ（ティッシュや洗剤などのストック、季節家電、ひな人形など）

「**③この先使わないモノ**」あきらかに不要で、いくら待っても使うときは来ないモノ（壊れた家電、ごみなど）

「**④いつか使うかもとしまい込んで忘れてしまっているモノ**」家の中にあるけれど、「いつか使うかも」としまい込んで、いつの間にか存在すら忘れているモノ（着ていない洋服、引き出物の食器など）

①と②は、必要なモノですね。収納場所は生活動線を意識して、必要なときに取り出しやすい場所にしまいましょう。③は収納がパンパンになる原因になるモノです。すぐにでも家から出した方がいいので、処分するようにしましょう。そして、**この分類で最重要となるのが④です**。意外と④がたくさんあるおうちが多いのではないでしょうか。

洋服だったら、一度袖を通してみてください。たとえば「子どもの入学式に着たいな」と思うなら、②に分類します。気に入っていない、もしくは汚れやほつれ、毛玉があれば③に分類して、手放しましょう。

このように**③と④をどんどん減らしていくと、徐々に使いやすい収納になっていきます**。たとえばクローゼットなら、29ページのようにどんな洋服があるか一目瞭然で、好きな服しか並んでいない状態になります。

1-8

手放しづらい「使っていないモノ」の行き場所

HIDEMA RULE

判断に迷うモノは「モヤモヤＢＯＸ」で半年間だけ仮住まいさせよう

「いつか使う日が来るかも」と、まったく使っていないモノをとっておいてしまうことはありませんか？

そんなとき、私は「**モヤモヤＢＯＸ**」と名付けた箱を活用しています。

期限は半年と決めて、入れた日の日付を書いて、いつも見える場所に置いておきます。クローゼット上の棚など、必ず1日1回は視界に入るようなところに設置するのがポイント。中身がよく目につく、クリアケースにするのがおすすめです。

私がこれまで「モヤモヤＢＯＸ」に入れて決断したモノに、素敵だけれど今の家に合わないいただき物の食器があります。ＢＯＸに入れて2週間後には手放す決心がつきました。学

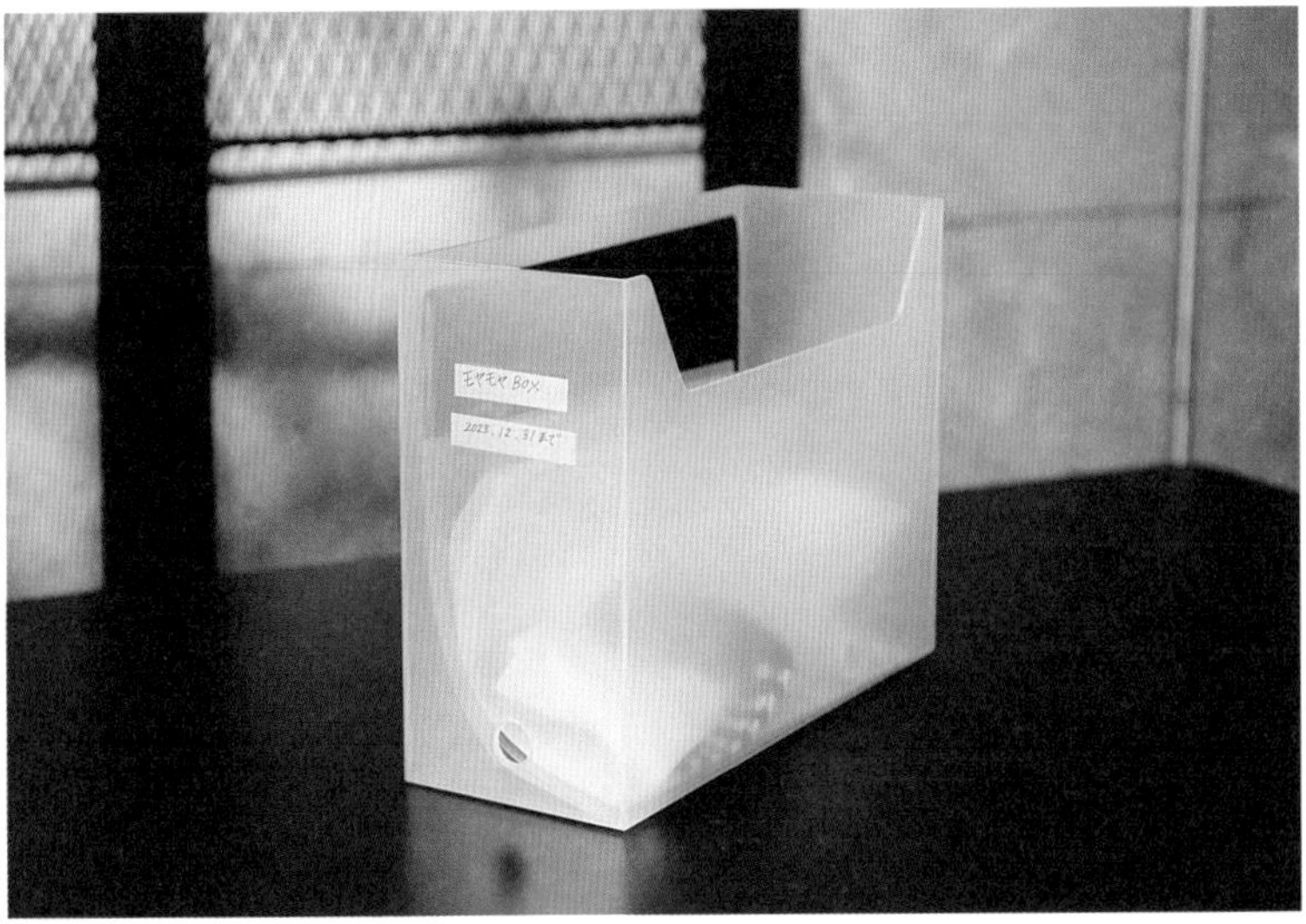

⬆ライクイットのファイルボックスに、期限を記したシールをつけた「モヤモヤBOX」。大体、期限よりも前に判断がついています。

生時代のクラスTシャツもなかなか捨てられなかったのですが、いざＢＯＸに入れてみると1週間で手放せました。

何人ものお客様に試していただいているのですが、大半の人が1か月後には「モヤモヤＢＯＸ」の中身を処理したくなるのです。誰でも、ちょっとだけ時間をかければ、要る、要らないの判断がつくようになります。

毎日見ていると「なくなると寂しいな」とか、「やっぱり好きじゃないかも」と判断がつきやすいようで、期限の半年間「モヤモヤＢＯＸ」にモノが残ったままという人は1人もいませんでした。決断できないときは、ぜひ試してみてくださいね。

1-9

"いただき物の呪縛"から解放されよう

HIDEMA RULE

モノは使われてこそ輝く。いただき物も活躍させよう

お客様のおうちを見せていただくと、必ず出てくるのが「いただき物」。「使わないのに、いただき物だから捨てられない」というお悩み相談が多く寄せられています。みなさんも友達からのプレゼントや、結婚式の引き出物を箱のまま使わずにしまっていませんか？

私も以前は、いただき物が捨てられなくて困っていました。マグカップやキャラクターもののお皿など、食器はたくさんあるから要らないなと思いながらも、捨てたらプレゼントしてくれた人になんとなく悪いような気がして、「とりあえずとっておこう」と判断を後回しにしていました。これって"いただき物の呪縛"なんじゃないかと思ったのです。

無意識に放置していた、いただき物をじっくり見ながら、「これはあのときに、あの人にもらったな」などと向き合っていると、あることに気がつきました。**「いただいたこと」は、私にとって大切な思い出ですが、そのモノ自体には思い入れがあるわけではなかったのです。**

品物の所有権は、贈り主から受け取った側に移っているので、そのあとのことは受け取った側の自由なのではないかと思っています。

それを「もらったから」という理由だけで置いておいて、普段使うモノが取りづらくなり、自分らしく暮らせなくなるならば、贈った人もよろこばないのではないでしょうか。

自分がプレゼントを贈る側に立って考えたときに、その人にガマンしてプレゼントを持ち続けてもらっていたら嫌だなと感じます。贈り主は、相手が一度も使っていないのに、ずっとそれを持っていてほしいとは思っていないと思うのです。もしも、使っているかどうか逐一チェックしてくるようなことがあれば、その関係は見直した方がいいかもしれません。

そういうことを考えると贈り物選びも慎重になります。もちろん、いただいた物は、何でもうれしいですし、ありがたく使っています。稀に自分が使わないモノは、それを気に入ってくれる人に譲ったりして、モノがムダにならないようにしています。

私が誰かにプレゼントを選ぶ場合は、キャンドルやお花、食べ物など、形に残らないモノを選ぶことが多いです。

1 - 10

思い出のモノは捨てなくていい

HIDEMA RULE

使っていなかったとしても、自分を支えてくれるモノはとっておこう

整理収納のサポートをしていて、お客様に対して私から「捨ててください」と言ったことは一度もありません。

「思い出があるんですけど、使ってないから捨てないといけないですよね?」と聞かれることもあるのですが、思い出があるモノは使っていなくても、残しておくべきだと思っています。

なぜなら、**それを見るだけでうれしい気持ちになったり、勇気づけてくれたりするからです。自分を支えてくれるモノ=役に立つモノ。つまり、それは必要なモノなのです。**

私にとっての思い出のモノは、ⓐ魚の形をしたお皿です。

小学生のときに家族で行ったガラス工房で父が作りました。楽しかった思い出がよみがえり、父とのつながりを思い出す、私の人生に必要なモノです。

母との思い出のモノもあります。それはⓑ麻素材のA4サイズのケースです。

高校時代に部活で吹奏楽をやっていたのですが、ある日、楽譜ケースが壊れてしまいました。母に伝えると、「夜遅いし、買いに行けないから、これを使ったら?」と自分が使っていたケースを譲ってくれたのです。かれこれ30年くらい前のモノなのですが、今も気に入っていて、仕事の資料を入れたりして使っています。「使わないと言われると思ったのに、まだ使ってくれてるの?」と、母はうれしそうに驚いていました。

自分を支えてくれる思い出のモノ

私は思い出のモノが少ない人だと見られることもあるのですが、じつはCDや吹奏楽の演奏会のDVDなどをたくさん持っています。ⓒ無印良品の「トタンボックス」3つがパンパンになるくらいの量ですが、大切に保管しています。

2年に一度くらいの頻度で取り出しては、見たり聴いたりしています。とてつもなく聴き

⬆父の手作りのガラス作品なので、もちろん唯一無二。
魚のなんともいえない表情がとても気に入っています。

たくなる瞬間があるのです。

ちょっと疲れてしまったときや、考えがまとまらないとき、楽器を夢中で演奏していたあの頃のことを思い出すと頭がリセットされます。

誰にでも思い出のモノはあると思います。**実用的でないから捨てなきゃいけないわけではなく、収納スペースに余裕があれば持っていていい**と思っています。

たとえば、「この箱に入る分だけ残す」と決めたり、〝思い出のモノランキングベスト10〟を選んで残してみたりしてはいかがでしょうか。

⬆（上）母から譲り受けた時点で、使いはじめてからかなりの年月が経っていたはずです。でも、とても丈夫で今も現役です！（下）20歳のとき演奏に参加した吹奏楽のCDもたまに聴いて「苦労したな」とがんばった自分を思い出します。

整理するのに全部出す必要はない

HIDEMA RULE

いきなり〝全出し〟して整理をしない。まず小さいスペースからやってみよう

「整理をするなら、とりあえずモノを全部出さなくてはいけない」と思い込んでいませんか？いわゆる〝全出し〟は、かなりの時間と体力、気力を使います。なので、いつか整理したいけれど、なかなか取りかかる気持ちになれないのは、よくわかります。

時間がたっぷりあって、プロが一緒に整理してくれる環境ならば、全部出して整理することはできると思います。でも、自分1人でやると、途中で思い出のモノが出てきたりして眺めてしまい、時間だけが過ぎてしまう、なんてこともありますよね。

整理に時間がかかると、だんだん疲れてきて元に戻せなくなるのです。

今、この本を手に取ってくださっているみなさんが、この瞬間に整理したくなったら、小さいスペースからはじめてみることをおすすめします。

たとえば、お財布やバッグの中を整理してみてはいかがでしょうか。

また、洗面所、玄関などの狭いスペースや、キッチンの引き出しひとつだけなど、短時間で片付く狭い範囲からはじめることをおすすめしています。

整理収納アドバイザーなどプロを呼ぶと、ほとんどの場合がモノを全部出して整理を進めると思います。でも、やはりそれは難易度の高いことだと思うのです。

スペースを区分けし、整理を積み重ねていけば、家全体の整理が進んでいきます。

お財布からはじまる整理への欲求

それでは、お財布の整理をはじめてみましょう。まず、お財布の中身をすべて出したら、チーム分けをします。現金、カード類、レシート、ポイントカード、おまもりなどが入っている人もいるでしょう。その中から1軍を選出します。

現金はお財布に戻します。お札の並べ方のルールを作ることで、お財布の中をきれいに保

⬆小さいけどモノが散らかりやすいお財布は、 整理の練習にもってこいです。

つことができます。

クレジットカードがたくさん入っている場合は、使用するモノ（私の場合は2枚）を残し、使っていないクレジットカードはお財布には戻しません。必要になるかもしれない場合は、家の決まった場所に保管します。もう使わないならば解約するのもいいでしょう。

知らないうちに増えてしまうポイントカードは、「ここのポイントを集めるぞ」と決めたモノだけを1軍に残します。私の判断基準は、「よく行く、好きなお店のモノ（私の場合は1枚）」です。

レシートは不要なモノは処分し、記録として残すモノは所定の場所に収納します。

お財布が整理された使いやすい状態になると、もっとほかの場所を整理したいというエネルギーが湧いてくると思います。ぜひ試してみてください。

私の正解は「靴3足」でした

HIDEMA RULE

自分に合ったお気に入りだけ選ぶ。それがあなたの必要数です

以前は靴をたくさん持っていました。多い方がおしゃれを楽しめるし、心が満たされると思っていたからです。でも、よく考えてみるといつも履く靴は同じでした。

いろいろな靴があっても、黒いスニーカーを履きつぶしては何度も買い直していたのです。

私は意識していなかったのですが、いつのまにか定番に。真っ黒なスニーカーは、どんな服装にも合って、通勤にもプライベートにも重宝します。

ⓐそれに気づいてからは、靴は1軍のみの3足に絞りました。

真っ黒なスニーカー1足のほかには、ドクターマーチンのタッセルローファーと、ビルケンシュトックのサンダルを定番にしています。ビルケンシュトックのサンダルは、ぶたじるさんと共用です。

もちろん、3足が誰にとっても正解なわけではありません。靴をファッションによって楽しみたい方は、必要数を持っていた方が幸せだと思いますし、それに合わせた収納を作ればいいと思います。

私の家は収納が少ないので、とびっきりのお気に入り3足に厳選し、ファッションを楽しんでいます。

靴の収納については、臭いと湿気が気になりますよね。竹炭の除湿剤と、コーヒーを抽出したあとの粉を乾かしたものをお茶パックに入れて、脱臭剤代わりに下駄箱に入れています。1か月に一度は、下駄箱の扉を開け放って拭き上げ、中に空気を入れて掃除します。

このように工夫すれば、カビや汚れがつかないように管理できます。

⬆玄関の棚のサイズにぴったりの、無印良品の「ポリプロピレンケース」の引き出しを入れて、下駄箱にしています。

⬆スニーカー、ローファー、サンダルの黒い3足があれば、私はじゅうぶんにファッションを楽しめます。

⬆29㎝でもケースにすっぽり収まります。消臭アイテムとして、抽出したあとのコーヒーの粉を活用しています。

1 - 13

我が家には必要なかったアイテムたち

HIDEMA RULE

先入観にとらわれず「本当に必要か」を考えてみよう

自分の家は見慣れてしまいます。改めて家の中を見渡してみると、〝本当は必要ないモノ〟が見えてきます。振り返ると、我が家にも必要ないモノがありました。

まずは、大きな洗い桶（おけ）。実家にもずっとあったので当然のように使っていましたが、保管場所がないことや、洗い桶自体を洗う手間を考えると「必要ないかもしれない」と思いました。以前は洗い桶でふきんを除菌していましたが、現在はキッチンペーパーを使うようになり、ふきん自体を使わなくなったので、洗い桶も手放しました。

次に手放したのは水切りカゴ。まめに掃除しないと汚れてカビが生えたりして、管理がたいへんなモノです。速乾性のあるセルロースシートの上に洗った食器を置いて乾かすようにしたため、使わなくなりました。

三角コーナーも使うのをやめました。これはすごく便利なアイテムを見つけたことで、手放せました。レイエの「シンク掃除が楽になる排水口ネットホルダー」です。これは排水口ネットを被(かぶ)せて使うのですが、網目の部分がないため、掃除がとてもかんたんです。

バスマットも珪藻土(けいそうど)のモノに変更したのですが、色が変わってしまいますし、場所をとるので手放しました。代わりにフェイスタオルを敷いて、すぐ洗濯するスタイルに落ち着いています。フェイスタオルの使い方については、94ページでご紹介しています。

トイレのマットも使うのをやめました。床は菌の温床なので、タイルを水拭きするようにしています。

スリッパラックは玄関で場所をとるので、やめました。別の入れ物に入れて収納し、来客があるときだけ出せるようにしました。

「あることが当たり前と先入観があったモノ」も、「自分の暮らしに本当に必要なモノ」か考えてみると、そうでないことがあります。改めて自分の家を見回してみると、必要のないアイテムがあるかもしれません。自分の人生に必要なモノを選んでいきましょう。

⬆（上）レイエの「シンク掃除が楽になる排水口ネットホルダー」。ネットはこまめに取り替えています。（下）持ち手付きの帆布の布ボックスに、スリッパをストックしています。定位置はクローゼットの下です。

第2章

モノの住所を決めて収納すれば部屋は整う

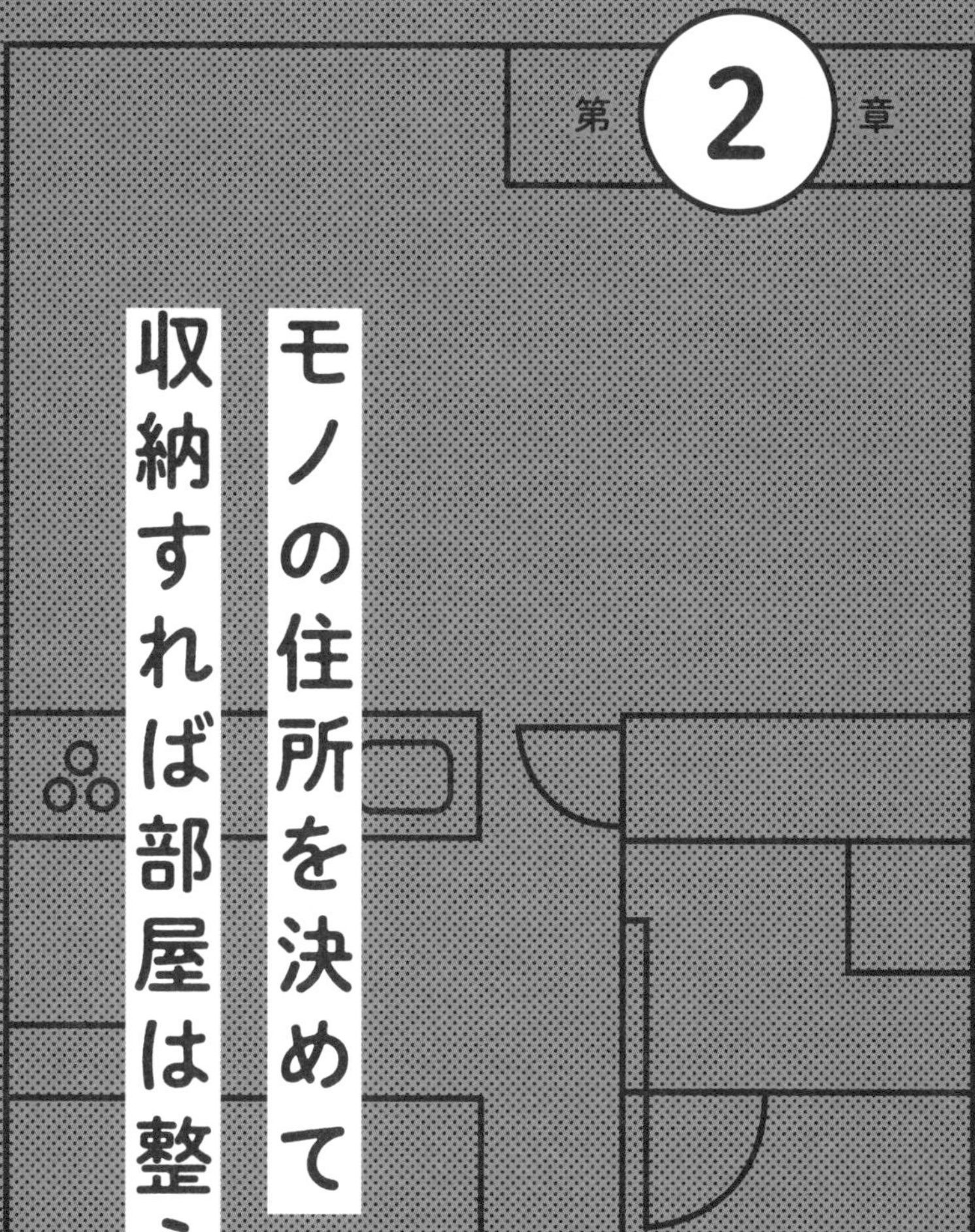

2-1

モノは住所を決めて、使ったら元に戻す

住んでいる人全員が使いやすい位置にモノの住所を決めよう

おうちが散らかったり、片付かないのは、モノの住所（定位置）が決まっていないからです。モノの住所を決めることももちろん重要ですが、その場所を家族全員で共有しておくことがとても大切です。

たとえば、文房具の住所なら「消しゴムの部屋」「ボールペンの部屋」のように決めておき、使い終わったら決められた部屋に戻すようにしておきます。

部屋に戻せないと家の中で遭難してしまい、必要なときに見つからないという事態が起こり得ます。

以前、「ホチキスの部屋も作ったけれど、家族が元に戻してくれません」というお客様からのご相談がありました。ご家族に聞いてみると、大人目線で決めた場所で、お子さんの背が足りなかったため、その部屋は戻しづらい場所だったということがわかりました。

用が済んだときに戻しづらい場所だと、出しっぱなしになってしまうことも少なくありません。家族全員が取り出しやすく、しまいやすい場所。そして、使う場所のすぐそばに住所を作っておくことが片付くシステム作りには重要です。

住所を決める際にひとつの目安になるのは、「腰の高さから目線の高さの収納が使いやすい」ということです。

お子さんだけが使うモノは、「子どもの腰の高さから目線の高さ」に収納します。大人も子どもも使うモノは、「大人の腰の高さ、子どもの目線のあたり」に合わせて収納すると、みんなが管理しやすくなるので参考にしてみてください。

不都合が出た場合には、その都度家族と話して収納を見直すことも重要です。探偵のような気持ちで家族に聞き込み調査をして、メモしてみましょう。家族に聞き込み調査をすれば、文房具の遭難者も出ないはずですよ。

2-2

チームを分けることで探し物をしなくてよくなる

HIDEMA RULE

使うタイミングが同じモノは同じ住所に収納しよう

私はよくモノをなくすタイプです。家が片付いていなかった頃は、つねに探し物をしていました。「靴下がない」「鍵がない」「iPhoneがない」と、出かける前にいつもバタバタ。典型的な片付けができない人でした。それが自分のせいだとはわかっていたのですが、当時は、なぜそうなるかがまったくわからなかったのです。

整理収納を勉強しはじめて、**使うタイミングが同じモノを、チームに分けてまとめて収納していないから**だと気がつきました。

たとえば、手紙を書くときに使うモノをチーム分けすると、①便箋、②封筒、③ボールペン、④切手、となります。ボールペンはインクが出るかどうかも確認してセットします。

ほかにチームに分けて便利になったのは、冠婚葬祭用のモノです。結婚式では、パーティのジャケットと蝶ネクタイやチーフをチーム分け。弔事では、香典袋と筆ペン、そして、数珠と黒いネクタイも一緒にしておくと、慌てることがありません。

探し物ばかりしてしまう理由を改めて考えてみると、ふたつの理由が見つかりました。

まずは、**モノの住所が決まっていない**ということ。

そして、ふたつめは、**同じタイミングで一緒に使うモノたちが、同じ場所にない**ということです。

モノを厳選して整理した状態で、チームに分ければ、探し物はなくなります。「あの器を使いたい」と思ったときに、食器棚に家族でよく使っている食器と、お客様が来たときだけ使う食器が混在していたら、取り出しづらいですよね。〝食器〟という大きなチーム分けではなく、使用頻度でグループを分けた方が便利です。

たとえば、お客様用のお茶セットはひとつの箱に入れてラベリングし、食器棚の上段に収納しておいて、必要なときに箱ごと取り出すなどすれば、使いやすくなると思います。

2-3

収納アイテムは衝動買いをしてはいけない

HIDEMA RULE

収納アイテムはしまうモノを決めて、サイズを測ってから購入しよう

「Instagramで見かけた収納アイテムがかわいいから買ってみたけれど、何を入れたらいいかわからない」とか、「買ったケースに収納したいモノが入らなかった」など、収納アイテムで失敗した経験はありませんか？

じつは私も経験者で、そのときに後悔しました。収納アイテムは見切り発車で購入してはいけません。経験者の私が断言します。**必ず収納したいモノや置く場所のサイズを測ってから買うようにしてください**。

幅・高さ・奥行きをしっかり測ると、そのサイズ感に適した収納アイテムにしか目がいかなくなるので、自分の家に合ったモノを選べるようになります。サイズがインプットされて、ロボットのように探せるので迷う時間も減らせます。

サイズを中心に選ぶようにすると、ジャンルをまたいでいいモノが見つかることもあります。たとえば、園芸用品コーナーに置いてあったトレイがキッチンにぴったりだったとか、文房具の収納アイテムが冷蔵庫にぴったりだったとか、意外な発見があるのです。

もうひとつ、選ぶときに気をつけていただきたいのは、家具に収納アイテムを入れて使う場合のサイズ感です。モノを入れたときに手が入るように、ファイルボックスを使うときは、高さに余裕をもたせることも忘れてはいけません。「収納用品は入るけれど、手が入らない」となると、使いにくくなってしまいます。

必ず使うときのイメージをしてください。洗面台下の収納ならば、扉を開けたときに蝶つがいに当たらないかなど、細かく確認しておきましょう。

ポイントは「何を入れるかを決めて、取り出しやすいかどうかを意識する」ことです。

たとえるなら、収納アイテムが〝キャスト〟で、洗面台の下が〝ステージ〟です。並んだときに、みんなの顔が見えるように配置してください。端の人が幕に当たって見えないと悲しいですよね。モノのサイズを把握して、どこにも当たらないようにすると、使いやすい収納が作れるので参考にしてみてくださいね。

使用頻度も意識して収納アイテムを選ぶ

我が家にある、無印良品の「トタンボックス」には、思い出のモノを収納しています。見た目がかっこよくて、丈夫なところがお気に入りです。

この「トタンボックス」をキッチンで使いたいと同じ商品を購入されたお客様がいました。訪問して見せていただくと、キッチンにいくつか重ねて置いていました。

「トタンボックス」はスタッキングできる仕様なので場所もとらず便利なのですが、毎回蓋を開けなければいけないので、毎日使うような食材やキッチン用品を入れるには向かないかもしれません。毎日何度も開けて取り出すとしたら、積み上げると下にあるモノは取り出しにくいですよね。

私がこの「トタンボックス」を開けるのは、1年に1回です。中に入れたモノを毎日使うのか、1年に数回なのか、それぞれの収納用品に合った使用頻度があるのです。

⬆無印良品の「トタンボックス」は蓋があるので取り出しにくさはありますが、それを差し引いても見た目が好きで使っています。

⬆洗面ボウル下にある無印良品の「ポリプロピレン引き出し」は、シンデレラフィット。

2-4

整理収納のプロの家は ずっときれい？

HIDEMA RULE

いつもきれいでなくて当たり前。すぐに片付く仕組みがあればOK

収納用品が多すぎると「まだしまえる」と不要なモノまで納めてしまいがちです。モノを増やしすぎず、収納内は1割程度余白を残しておき、いただき物や急に増えたモノを一時的に収めておける場所を作るといいと思います。

以前の私は、「整理収納アドバイザーの人は、全員いつでも部屋がきれいに片付いている」と思っていました。ですが、家をずっときれいにしておくのってむずかしいですよね。

整理収納のプロは何が違うのかというと、部屋を片付けるためのシステム構築ができているというところです。家に人が来るタイミングや自分が気になったときに、サッと片付けることができる状態になっています。

⬆空っぽの引き出しをひとつ作っておき、いただき物などを一時的に収納しています。あとで定位置にお引っ越しさせます。

いつでもすぐに片付けることができるから、たとえ今は散らかっていてもOKなので、片付けのことで悩むことはありません。四六時中、完璧に片付いていなくてもいいのです。

システム構築さえ完了してしまえば、それを維持するだけなので、とてもラクです。ただ、決めた場所にモノを戻して掃除をすれば、部屋をきれいに保つことができます。

そのシステム構築に悩んだときは、私たちプロを頼ってください。きっと理想的な部屋作りができると思います。

2-5

動作・動線を意識した収納作り

HIDEMA RULE

家事は最短の動線になるように収納スペースを配置しよう

毎日の家事は、できるだけ効率よく進めたいですよね。私は洗濯の動線にとくにこだわりがあり、0歩で洗濯物を収納できる仕組みを作っています。

洗濯・乾燥までを終えたら、洗濯機の上で乾いた洗濯物をたたみます。タオルや下着類、ハンカチは、たたみ終わったら、振り向いたところにある洗面台下に引き出しを設置しているので、0歩で収納できます。

「それだと洗濯する人がたいへんになっちゃう」ということでしたら、家族それぞれのカゴを1個ずつ用意し、そこに乾いた洋服をポンポンと投げ入れて各自でしまってもらうのもいいですよね。

なぜ〝洗濯動線〟にこだわるかというと、洗濯は洗うときには洗面所、干すときにはベランダ、しまうときにはクローゼット、というように家の中のあちこちで行うやっかいな家事だからです。

移動距離だけでなく、時間の面でも洗濯機のスイッチを押してから洗濯物をたたむまでを考えると、洗濯にはかなりの時間を要します。そのため、負担を軽減したいと思い、〝洗濯動線〟を1箇所に集中させせました。**収納の作り方次第で、洗濯のたいへんさは軽減できることを実感しています。**

私が訪問したおうちでは、まずいつもの〝洗濯動線〟を教えていただいてから

⬆下着に関しては、洗濯機から1歩も動かずにたたんで収納できます。Tシャツなどは浴室乾燥しています。

収納場所をご提案しています。

以前、「1階に洗濯機があって、洗い終わった洗濯物を持って2階のベランダに干しに行き、乾いたら2階から洗濯物を取り込んでたたみ、家族それぞれのクローゼットに洋服をしまいに行く」というお客様がいらっしゃいました。これは本当にたいへんな作業ですよね。

そのため、できるだけ動線が短くなるように、収納場所を工夫することにしました。洗濯物を干しているベランダに面した部屋に、5人家族全員分の洋服をしまえるファミリークローゼットを作ることをご提案。その結果、お母様の心の負担が減ったようで、私もひと安心しました。

ストック収納は誰でもわかる場所に

我が家は、洗濯洗剤のストックは洗濯機のすぐ横に収納しています。キッチンの洗剤ストックはキッチンのパントリーに。同様に、窓用洗剤は窓の近く、トイレ用洗剤はトイレ、というように、何でも使う場所の近くに配置することをおすすめします。

洗剤を買うときは、家族にひと声かけてから買うようにしましょう。ストックがあるか、同じタイミングで買ってしまわないか、コミュニケーションが大切だと思っています。

食料のストック場所は、もちろんキッチンです。賞味期限があるので、家族で収納場所を把握する必要があります。忙しいからと適当にしまうと、買ってあっても見つからなかったり、忘れてしまうこともありますよね。我が家では、賞味期限が短いモノはキッチン側(がわ)へ、長いモノはパントリー側へ、と2段階で収納しています。

防災用の備蓄は、ふだんの生活で消費して新しいモノに入れ替える「ローリングストック」をしています。味に慣れつつ、備蓄を入れ替えられるのでおすすめです。

ストック類を上手に管理するためには、誰でも開けたらどこに何が入っているかがわかるようにすることがポイントです。

引き出し内は、立てて収納し、種類と数量がパッと見てわかるようにしています。区分けのためのBOXを使ったり、食品を立てるためのバーをつけることで、少ない数でも自立するようにしておくと、とても便利です。

⬆洗濯機の右側にある小さな棚には洗濯洗剤やハンドソープなど、
洗面所で使うモノのストックを置いています。

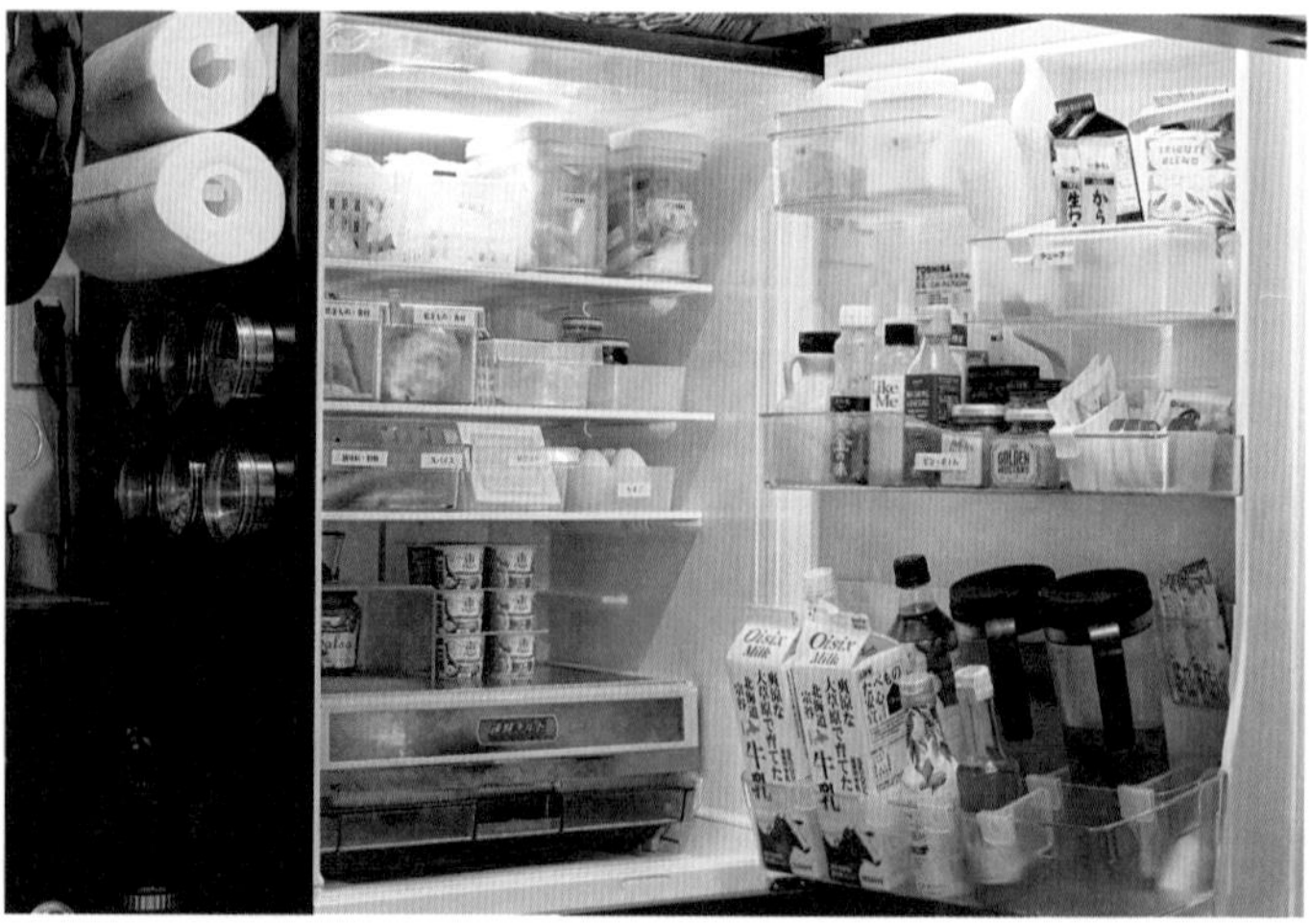

⬆卵や納豆は冷蔵庫を開ければ、 残量がパッとわかるように収納
しています。 詰めすぎないよう余白を残しているのがポイントです。

⬆食品のストックは、 シンクの後ろ側にある電子レンジの棚へ。 ここに収まる量、 消費できる量を心がけます。

2-6

必要なモノがすべて近くにあることがキッチンの理想

HIDEMA RULE

キッチンは徹底的に使用頻度を意識した収納を作ろう

家の中でも一番小物が多い場所であるキッチンは、もっとも管理がたいへんな場所になります。

私は使用頻度にこだわって収納場所を決めています。そのため、**毎日使うモノは、すぐに取り出せる場所へ収納しています。**

キッチンなら、コンロまわりで使うフライパンはコンロから0歩の場所へ。シンクまわりで使うボウルやザルはシンクから0歩の場所へ。このように、できるだけ動かずに取り出せるように工夫しています。

ポイントは、3つあります。

キッチン収納の3つのポイント

①使用頻度が高いモノと、使用頻度が低いモノを同じ場所に収納しない

②しゃがんだり、背伸びしなくていい、無理なく取り出せる場所に収納する

③3アクション以内で取り出せる

ひとつめのポイントは、「**①使用頻度が高いモノと、使用頻度が低いモノを同じ場所に収納しない**」。毎日使うような使用頻度が高いモノと、それ以外の使用頻度の低いモノは場所を分けるようにしましょう。使用頻度が高いモノがまとまっているだけで、モノが探し出しやすく、料理がしやすくなります。

つぎは「**②しゃがんだり、背伸びしなくていい、無理なく取り出せる場所に収納する**」です。使用頻度が高いモノが取り出しづらい場所にあると、それだけで時間のロスがあったり準備や後片付けがたいへんになります。日々キッチンに立たれる方は、収納場所に気をつけるだけで体への負担も減ります。

最後は「**③3アクション以内で取り出せる**」。使用頻度が高いモノは、引き出しを開ける↓取り出す↓引き出しを閉めるというように、3アクションに収めることを意識しています。

モノを取り出すときに3アクション以上あると、「面倒くさい」と感じてしまい、元の場所に戻せなくなる傾向があるからです。使用頻度が低いモノは、3アクション以上の収納になったとしてもOK。ストック類も、毎日取り出すわけではないので、使用する場所から離れたところに置いてあっても大丈夫です。

料理をするときや片付けるときに、必要なモノがすべて近くにあって、その場で完結できると本当にラクですよね。

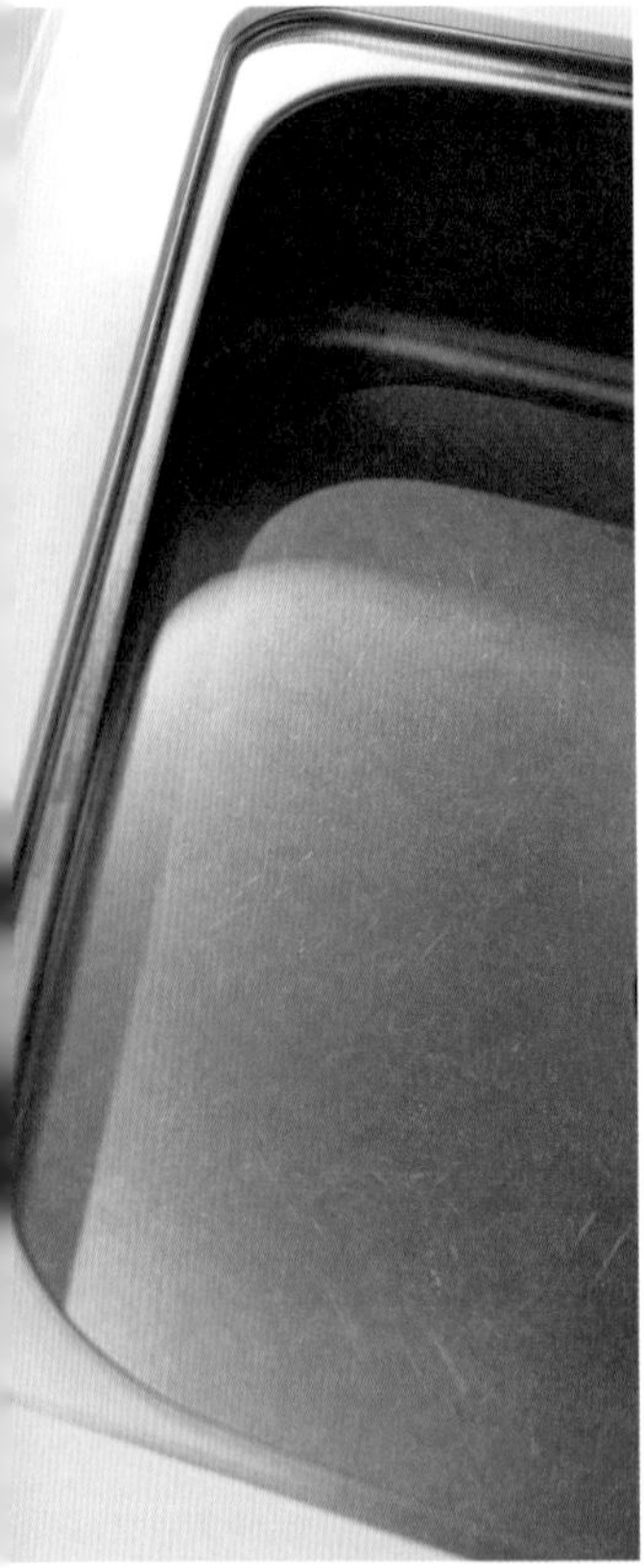

⬆シンク下の収納には、1軍の食器や調理器具などを入れています。上から見てどこに何があるか一目瞭然。

2-7

食器と鍋は1軍のみにすれば暮らしに余裕が生まれる

デザインと機能性が両立したモノ選びをしよう

私がぶたじるさんの家に引っ越したときに持って行ったのは、お皿が40〜50枚、フライパンは4つ、鍋に至ってはナント15個！　こんなに持っていたのに、食器も、調理用具も、毎日使うモノ（1軍）は決まっていました。**デザインが好き、使いやすい、洗いやすい、などいくつかの条件が自分の中でできあがっているので、毎回その1軍を出して使うのです。**

「いつか使いたい」と思っていたモノは、しまいこまずに今日から使いはじめましょう。「いつか」という日は、残念ながら来ないかもしれません。使わないモノをそのままにしておくと、食器棚に収まる姿が当たり前になって、使っていないことに気づかなくなってしまいます。一度向き合って、本当に使っているかどうかを見極める必要があると思います。

お客様のおうちで「普段クッキーは焼かないけれど、なんとなくかわいくて買ったクッキー型」が出てきたことがあります。そのときは、使う日がイメージできるのかどうかをお聞きしてみました。結果、「やはりクッキーは焼かないかもしれない」とお客様自身がわかって、クッキー型は手放されました。

食器や調理器具だけでなく、カトラリー類もチェックしてみましょう。箸はいつも使っているモノだけに厳選します。お気に入りの箸が、使っていない箸に紛れていると遭難しているような状態で、探し出すのに時間がかかってしまいます。1軍の箸は取り出しやすい場所に、お客様用などの2軍の箸は別の場所にしまうのも、ひとつの手です。

キッチン用品を1軍だけにすると、収納場所にかなり余裕ができます。そうすると、毎日の暮らしや気持ちにも余裕が生まれます。

「鍋やフライパンは使ってみたいモノがあっても、捨てることを考えて買い替えを躊躇してしまう」という声をよく聞きます。

捨てるのが面倒だからと諦めていると、最初は1だったモヤモヤが翌日には2モヤモヤに。1年経てば365モヤモヤになるわけですから、「使いたい」と思った鍋やフライパンを買い、古いモノの捨て方を調べて処分する方がスッキリするのではないでしょうか。

⬆（上）食洗機で使えて、1000回落としても割れないARASが1軍の食器。形や色違いでそろえています。（下）ぶたじるさんとおそろいでBEAMSで購入した富士山のお茶碗に、Standard Productsの会津塗の和洋椀、いただいたiittalaの食器。

⬆（上）中でも重宝しているのが、フュージョンテック ミネラルの「マルチポット」。冷蔵庫に入れても幅をとらず便利。（下）使わないときは、コンロすぐ下の引き出しに鍋などをスタンバイ。手を伸ばせばすぐ取れるようにしています。

暮らしを整えたら
2人の時間が増えました。
天気のいい日は近所を
散歩しています。

2-8

タオルはフェイスタオルのみ。バスタオルは使わない

HIDEMA RULE

タオルは「使えるモノ」ではなく「使いたいモノ」で必要枚数そろえよう

みなさんはバスタオルを使っていますか？　じつは私は1年前から使っていないんです。**お気に入りのフェイスタオルを20枚そろえ、タオルを統一しています。それを半年に一度、全取り替えすることに決めています。**

古くなったタオルは、床掃除や窓拭き、玄関掃除に使います。普段あまり掃除しない、ベランダの手すりやドアの外側を拭いたり、植物のお世話用にも大活躍します。

半年に一度、20枚を買い替えることに決めたのは、整理収納アドバイザーになる少し前のことです。家の中のモノを整理しているときに、ぶたじるさんと2人で、いったい何枚くら

いタオルが必要なのかを一緒に考えました。「バスタオルは乾きにくいし、かさばるよね」という意見が出て、「バスタオルをフェイスタオルで代用してみよう」と試してみたのです。洗ったあとのきれいな足しか乗らないですし、すぐに洗濯もできますし、バスマット代わりにフェイスタオルを敷いても、衛生的にもまったく問題ありませんでした。

それならば、すべてのタオルをフェイスタオルにしようと決めて、必要な枚数を数えてみました。

私の家の場合、2人で1日7~8枚必要でした。洗濯の頻度は最低2日に1回なので、2人で2日分だと、14~16枚使用する計算になります。よって、タオルが20枚あればお客様が来ても足りるのではないかと、適正量がわかったのです。

ご自身のタオルの適正量を出す場合は、つぎの公式を使って必要枚数を出してみてくださいね。

洗濯頻度×1日に使う枚数=必要枚数

(私の家の場合)2(2日1回の洗濯)×8(1日に使う枚数)=16(必要枚数)

※お客様用や洗濯できないときなど予備のタオルを持ってもOK

タオルって意外と丈夫なので捨てどきがわからないのですが、本当はある程度使うとゴワゴワしたり、衛生的に品質が保てなくなったりするので、取り替えたいものですよね。

また、気に入っているタオルを選べば、タオルを使うときに「このタオル好きだな」とか、「使い心地がいいな」と感じることができます。

小さなことかもしれませんが、お気に入りのタオルを使ってはじまる1日と、そうでない1日は、過ごし方が変わってくると思います。

私が愛用しているタオルのお気に入りポイントは、洗濯したときの毛羽落ちが少なく、ほかの衣類につかないところ。肌ざわりが気持ちよく上質で、お値段も1枚400円とリーズナブルです。私たちにとって、気兼ねなく使える価格でした。

今は黒を使っていますが、ライトグレーやベージュ、濃い目のグレーなど、そのときの気分で色を変えて楽しんでいます。

ぜひみなさんも、家族と改めて話して、暮らしに合ったタオル選びをしてみましょう。

⬆（上）タオル研究所のフェイスタオルを同色でそろえています。キッチン用だけはブックエンドで仕切って分けています。（下）バスマットにもフェイスタオルを使用。洗ったきれいな足しか乗らないので、バスマットにしてもまったく問題ありません。

2-9

レジ袋と紙袋は収納スペースの分だけ持つ

HIDEMA RULE

数で管理するのがむずかしいモノは収納スペースを先に決めよう

「いつか使うかも」と増えてしまいがちなモノの代表がレジ袋や紙袋。「いつかは使うかもしれないけれど、そんなにたくさん必要なのだろうか」と考え直したことがあります。

私も昔は大きい袋に紙袋を大量に差し込んでいて、レジ袋もものすごい数がありました。そこで、**袋類の量を決めるよりも先に、収納スペースを決めることにしました。収納するためのBOXを用意して、「この中に収まるだけ」と基準を設けたのです。あふれることがあれば、処分するようにして、面倒な枚数での管理はしていません。**

私がレジ袋の収納に使っているのは、カインズの「キャリコ」という蓋つきBOXです。「袋が飛び出してこなければOK」くらいのゆるいルールで管理しています。「この箱に入るだけ」と決めていれば、新しいレジ袋が入ってきたら、あるモノと比べてきれいなモノをとっておくだけなので管理がかんたんです。

紙袋は「この袋に入るだけ」と決めて、気に入っているモノやかわいいモノを残すオーディションをして管理しています。

袋に限らず、人が生活していればモノが増えていくのは当たり前です。無意識に暮らしてモノが減ることはないので、「意識的にモノを入れない」「減らせるモノは積極的に家から出す」ということを頭の片隅におくようにしています。

モノを溜め込んでいたときは「将来への不安」や「過去への執着」を感じていたのかもしれません。「使いたいと思ったときにないと不安だから」「なんとなく手元にあると安心だから」と今の自分を安心させる理由になっていたのだと思います。「溜めている袋の量＝不安の大きさなのかも」と考えると、手放したくなりました。

エコバッグを持ち歩くことも多いですし、今のところ、袋類が足りなくて困ったことはありません。

袋類の管理で困っている方は、まずはスペースを決めてしまうことをおすすめします。

2 - 10

季節物の意外なしまい方

HIDEMA RULE

年に数回しか使わないモノは「どこにあるか」を把握しておこう

クリスマス用品やお正月飾り、お子様がいるおうちでは兜（かぶと）やおひなさまの収納に関するご相談を受けることがあります。

普段使うモノは取り出しやすい場所に収納することが鉄則です。では、季節物や年に一度の出番のモノはどうでしょうか？

もちろん、取り出しやすく収納できたらいいのですが、スペースは限られているため、使用頻度が高いモノを優先しなければいけない場合もあります。

多少取り出しづらくても構わないので、季節物や年に一度しか出番がないモノは、「いざ出番が来たときに、どこにあるかがわかること」が一番大事です。

⬆キッチンと寝室の間で死角に収まっている秋冬用のラグ。
長辺が2m近くありますが、 丸めて紐で吊るしています。

⬆ニトリの「白樺ツリー」。 クリスマスシーズン以外は、 ライトの飾りを外して寝室のインテリアとして楽しんでいます。

私も以前、クリスマスツリーをごみ袋に収納して、玄関にしばらく放置していたことがありました。足がたまに当たったりして、邪魔ではありましたが「とりあえず」と置いていたら、いつの間にか次のクリスマスがやってきてしまいました。

それからは、季節物や年に一度しか出番がないモノは、出番が終わったらすぐにラベリングをして、収納するようになりました。

とはいえ、季節物や年に一度しか出番がないモノをしまうのは、ちょっと気合いが要りますよね。

「片付けよう」と思って3日が経つと、「いつかやろう」に変わって、あっという間に1週間が経ちます。そうすると、モノが出しっぱなしのその景色に慣れてしまって、片付ける気持ちが薄れていきます。

そうならないためにも、**「3日以内にしまう」と心得ておくといいかもしれません。**

「とりあえず」をなくして、「今のベストはここだ」という場所にしまいます。完璧を求めすぎず、そのときに一番いいと思う場所に収納しましょう。

季節物といえば、我が家ではラグを2枚持っていて、春夏用、秋冬用、というように季節によって模様替えしています。

どこに収納しているかというと、キッチンと寝室の間にある天井にフックをつけて吊るしています。ラグ自体は部屋に入って真上を見上げないと見えません。リビング、キッチン側からは見えないので、言われないとほとんど気がつきません。

みなさんも、おうちの中の死角を有効活用すると、新たな収納場所が見つかるかもしれません。

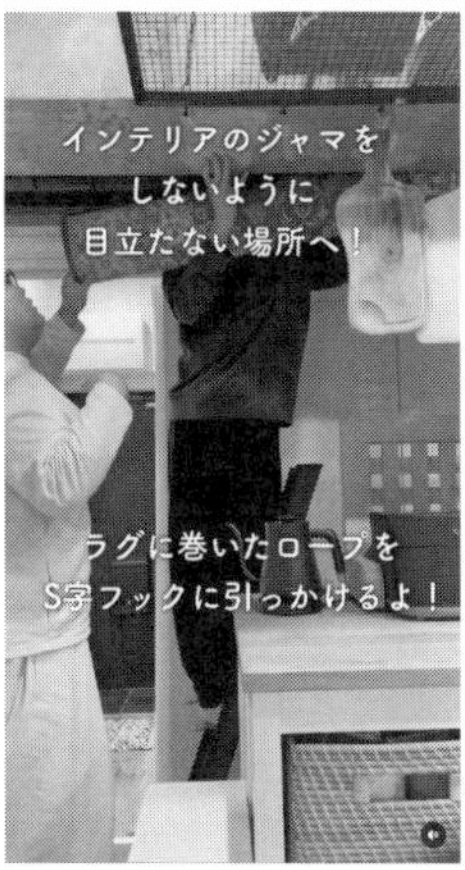

インテリアのジャマを
しないように
目立たない場所へ！
ラグに巻いたロープを
S字フックに引っかけるよ！

⬆ Instagramでご紹介して好評をいただいたラグの収納方法。年に2回、大人2人がかりでラグの入れ替えをしています。

「アクションBOX」を活用しよう

HIDEMA RULE

モノを一時置きするにも「場所を決めておく」ことを意識してみよう

私は棚の一番取り出しやすい位置に、「アクションBOX」を設置しています。ここには、支払いや提出などの処理をしなければならない書類、名刺などすぐに使うモノを収納しています。

「アクションBOX」を設置する前は、書類をいろいろなところに置いてしまい、必要なときに見つからなくて困ることも多々ありました。しかし、今はこのBOXがあることで、テーブルの上に郵便物が散乱することもなくなり、必要なときにサッと取り出すことができています。

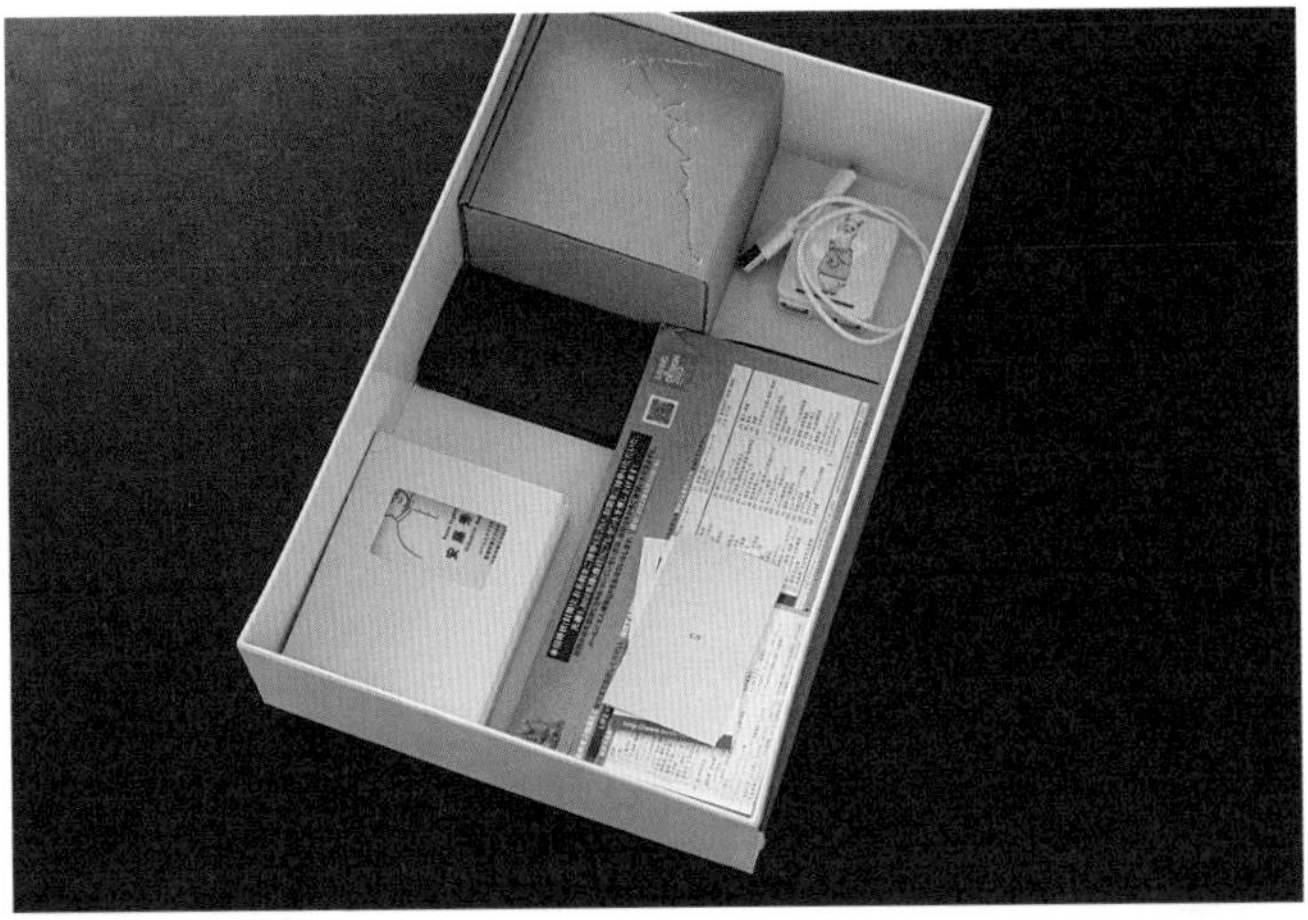

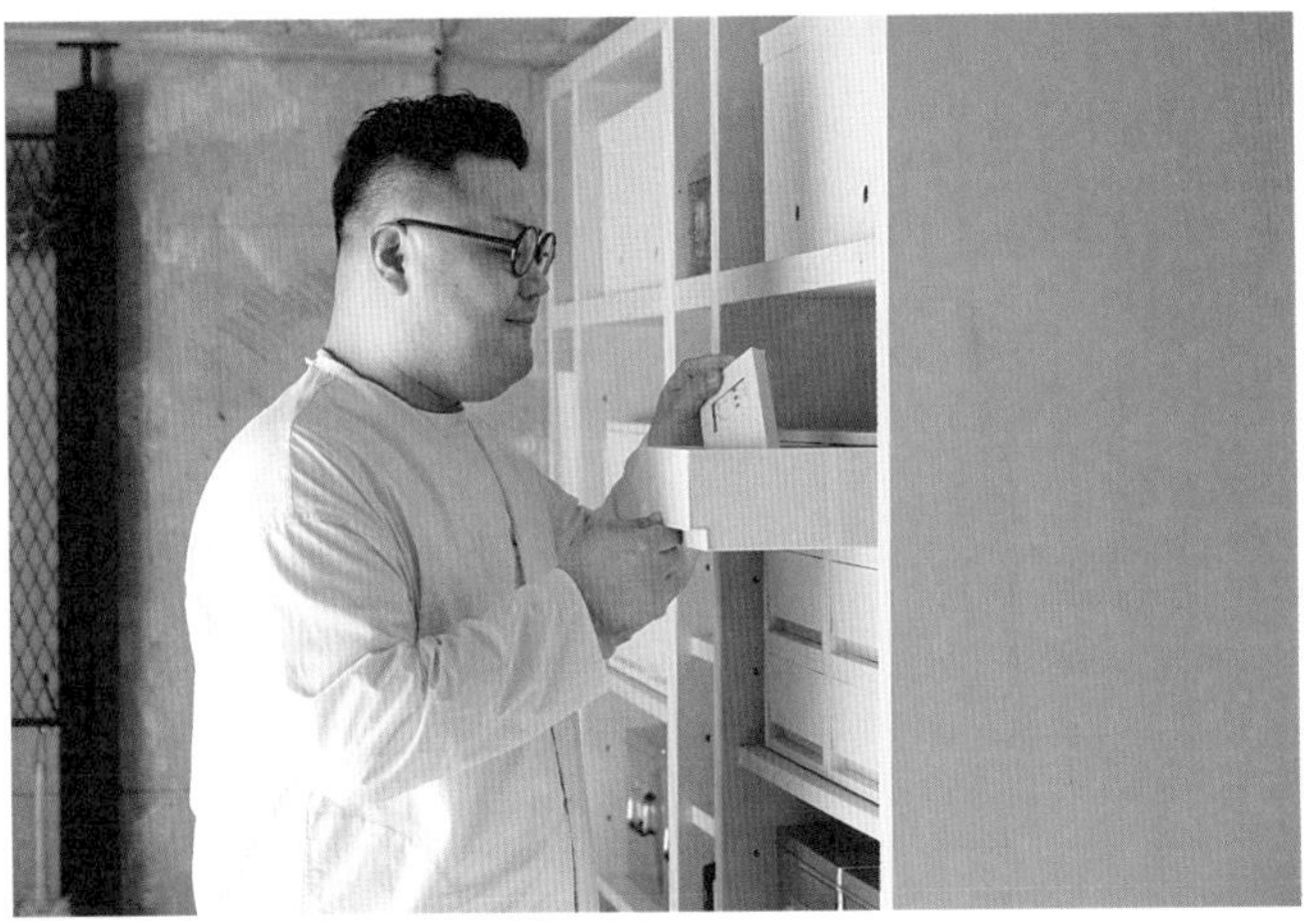

⬆すぐに処理しなければいけないモノは「アクションBOX」へ。
リビングにある引き出しの1段を活用しています。

書類用のファイルボックスを「アクションBOX」として利用するのもいいですが、我が家では小さめの引き出しの1段を活用しています。

「アクションBOX」があることで、重要な書類を処理し忘れることも減ると思います。出かける前や仕事前、1日の終わりなどに確認するようにして、モノの巡りやサイクルがスムーズになりました。


「アクションBOX」に入れるときのルーティンも作っています。

まず、郵便物をポストから取り出したら、ごみ箱が置いてあるキッチンで仕分けをします。不要なチラシや封筒は、その場で捨てます。保管すべき書類は、決めた場所にしまいます。工事などのお知らせは日程をGoogleカレンダーに入力して、書類は捨てます。この時点で、ほぼほぼ書類が残りません。

では、「アクションBOX」にはどのような書類を入れているかといえば、その日処理できないモノだけを入れています。

入れておいていい期間は、1週間。それ以上長く入っていると気がついたら、その場で処理します。

うっかりやってしまった大失敗

「アクションBOX」を設置した背景には、私の大失敗がありました。

運転免許証更新のハガキを手帳に挟んだまま忘れてしまい、うっかり運転免許証を失効してしまったことがあったのです。ネットでレンタカーを借りようと思って免許証の画像をアップロードしたときに、赤い文字で「免許が失効しています」と表示されたときの衝撃は、今でも忘れられません。

大量の郵便物の中に重要書類があったとしても、きちんと処理ができるシステムを作ろうと設置した「アクションBOX」。もう二度と同じ失敗は繰り返したくありません。

COLUMN

HIDEMARULE

時間の使い方も整理して自己実現

私にとって、ＳＮＳを通じてフォロワーさんと交流させていただいている時間はとても大切です。それでも、時間を区切ってＳＮＳを見るようにしないと、やるべきことができなくなってしまいます。

しかし、ときには制限を設けずに思いっきりＳＮＳを楽しんだり、映画やドラマを見たりする日もあります。やるべきことから現実逃避して、なんとなくやり過ごしてしまうと罪悪感を感じてしまうので、「遊ぶなら遊ぶ」「家事をするなら家事をする」と時間を割り振ることが大事だと思っています。

私が意識しているのは、３年後に実現したい未来に向けて準備する時間を確保すること。たとえば、ＳＮＳでの発信やお客様へのメッセージの返信なども私の実現したい未来につながっています。その時間を作るために、家事をする時間、ゆっくりくつろぐ時間、仕事をする時間、とタイムマネジメントをしています。時間を整理して、今やるべきことに取り組みながら、未来の自分のために準備する時間を確保すると自己実現につながっていくと思います。

２年前の私は、３年後に実現したい未来の中に「書籍の出版」という目標を書いていました。目標を書いておくと、そこに向けた時間の使い方ができると実感しています。

今やるべきことがどのくらいあるのかを把握して、上手な時間の使い方ができるといいですよね。私はスマホのカレンダー機能を使って時間の管理をしています。やるべきことをリスト化し、時間や場所を設定して通知を受け取ることができるので、とても便利でおすすめです。一度、時間の使い方を見直してみませんか？

第3章

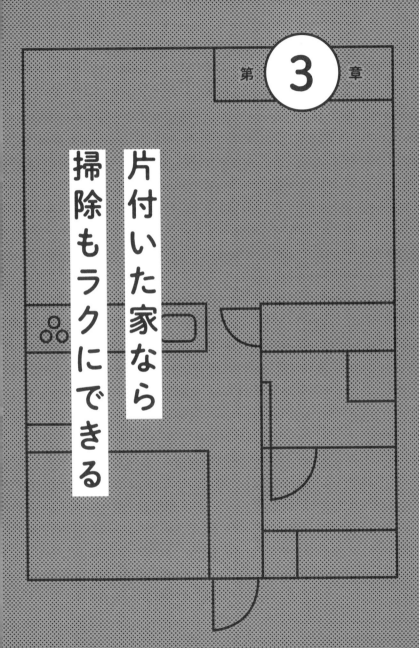

片付いた家なら掃除もラクにできる

3-1

片付けの本当の意味をわかっていなかった

HIDEMA RULE

元の場所に戻すのが億劫だったら収納スペースを見直そう

私はお客様にご依頼をいただくと、まず、33ページでご紹介した、ひでまる流ルームスタイリングピラミッドの話をします。なぜなら、**「整理」「収納」「片付け」「掃除」「インテリア」をそれぞれ分けて考えるべき**だと思っているからです。

おさらいになりますが、不要なモノを手放し、お気に入りを選ぶのが「整理」でしたね。

それが終わったら、モノの住所を決めて使いやすいようにしまう「収納」をしていきます。

次のステップが、モノを元の場所に戻す「片付け」です。

以前の私は、部屋を片付けようとしていたのに、大掃除をはじめてしまったり、アルバムを開いて思い出の世界から抜け出せなくなったりしていました。片付けの意味をわかっていなかったのです。

片付けはモノを元の場所に戻すこと。ホコリや汚れをとる「掃除」でもなく、モノを要るか要らないか判断する「整理」でもないことに気づけていませんでした。

決めた住所にモノを戻すことができれば、散らかりづらい家になっていると思います。たとえば、お子さんが学校から帰ってランドセルをリビングに置きっぱなしにせず、自分で机の横に戻したり。本やおもちゃをリビングに広げっぱなしにせず、お子さんが棚や引き出しに戻したり。家族全員が自然とそれぞれのモノをそれぞれの住所に戻すことができていることが理想的です。

もし片付けがうまくいっていないと感じていたとしても、落ち込む必要はありません。ただ収納システムに問題があるというだけで、性格がだらしないわけでも、家事能力が低いわけでもありません。

ちなみに私は、ぶたじるさんと2人でいる分には、多少散らかっていてもあまり気にならないタイプです。家に人が来る前や、気持ちがモヤモヤしたら、すべてのモノを元の住所に戻し、片付けを完了させます。片付くとやっぱり気分がスッキリしますね。

3-2

食器は洗ってすぐに片付けられる仕組み作りを

HIDEMA RULE

動線をよくして家事のハードルを下げよう

毎日、何度も使う食器。洗ってからしまう作業は結構面倒ですよね。

私は食器洗いは、食洗機におまかせしています。**食器をしまうのも収納場所が遠いと億劫になるので、我が家では、食洗機からすぐにしまえる場所に収納を作っています。**

82ページでご説明したように、キッチンの収納はとくに動線を意識しています。ここでは具体的に、調理から片付けまでの動きをご紹介したいと思います。

ほとんどの食器が、シンク下の引き出し収納に収まっています。シンク下にそなえつけられている食洗機で乾燥まで行っているので、乾いた食器を1歩も動かずにしまうことができ

⬆とことん動線を意識したキッチン。１歩も動かずに調理器具や調味料、食器を出すことができるんです。

⬆ブルーのお皿は作家さんの作品で、食洗機は使えません。洗うのが手間でも持っておきたいお気に入り。

ます。食器洗いから収納までのハードルが下がるので、ストレスがありません。

この動線は、料理もぐっとラクにしてくれます。コンロ下の引き出しに、フライパンや鍋をしまってあるので、ワンアクションでコンロにセット。フライ返しなどの調理器具も同じ引き出しです。

油などの調味料もシンク下に収納しているので、1歩も動かずに出せます。

できあがった料理は、シンク下のお皿を取り出して、サッと盛り付け。食べ終わったら、お皿を軽く水で流して、食洗機へ。乾いたら、そのまま下の引き出しにしまいます。

このラクな片付けを実現するために、食器は食洗機で洗えるモノを選んでいます。

それでも、大好きなモノに出会えば例外もあります。陶芸作家さんの作品などは、食洗機がNGのモノがほとんどです。本当に好きなモノであれば、納得して購入し、愛情を持って手洗いすることができるのです。

そこまで好きではなく、なんとなく選んだモノが、食洗器で洗えないとなると、なんだかモヤッとしてしまいます。家事をラクにするためにも、モノ選びは大事なことだと改めて感じました。

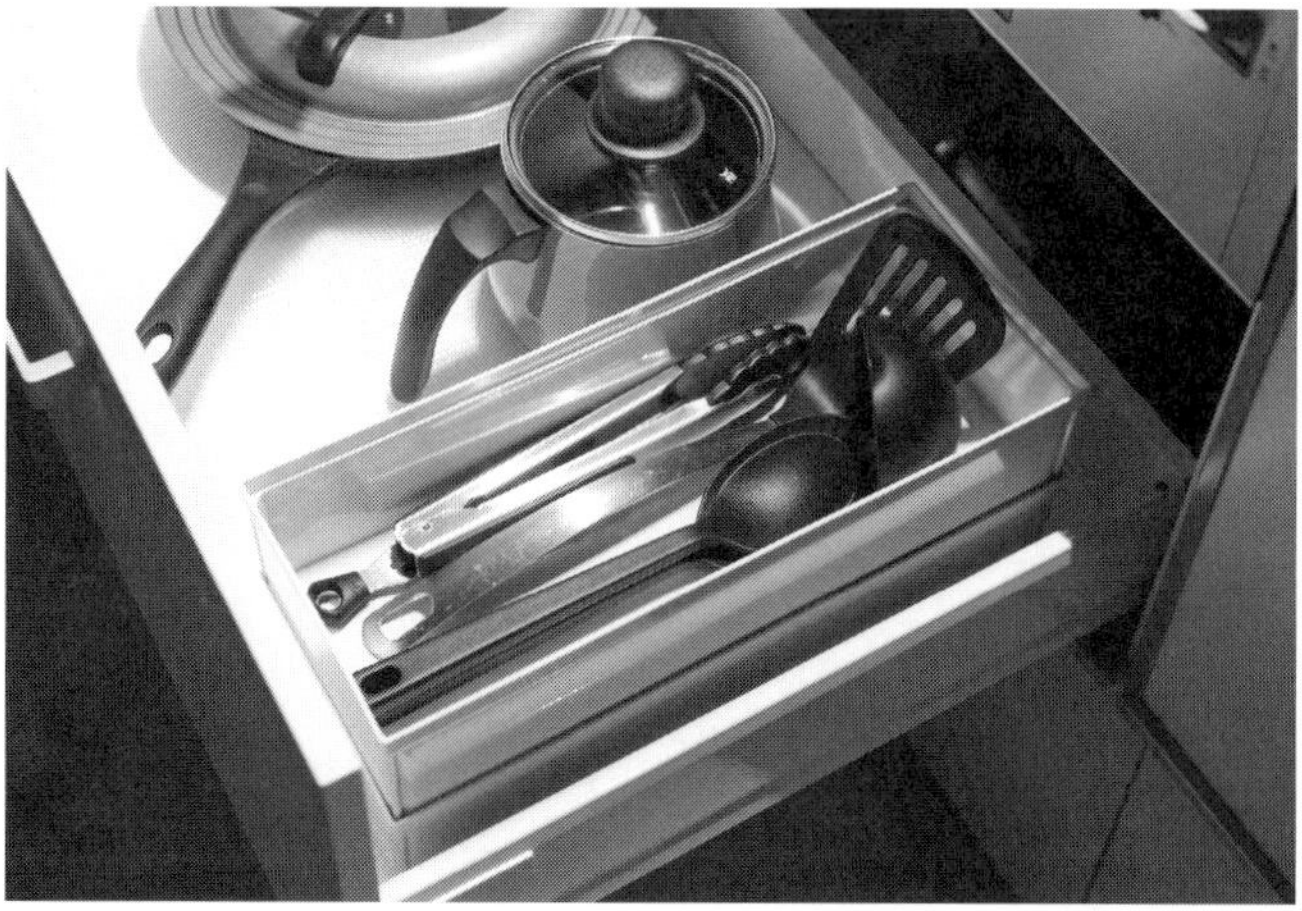

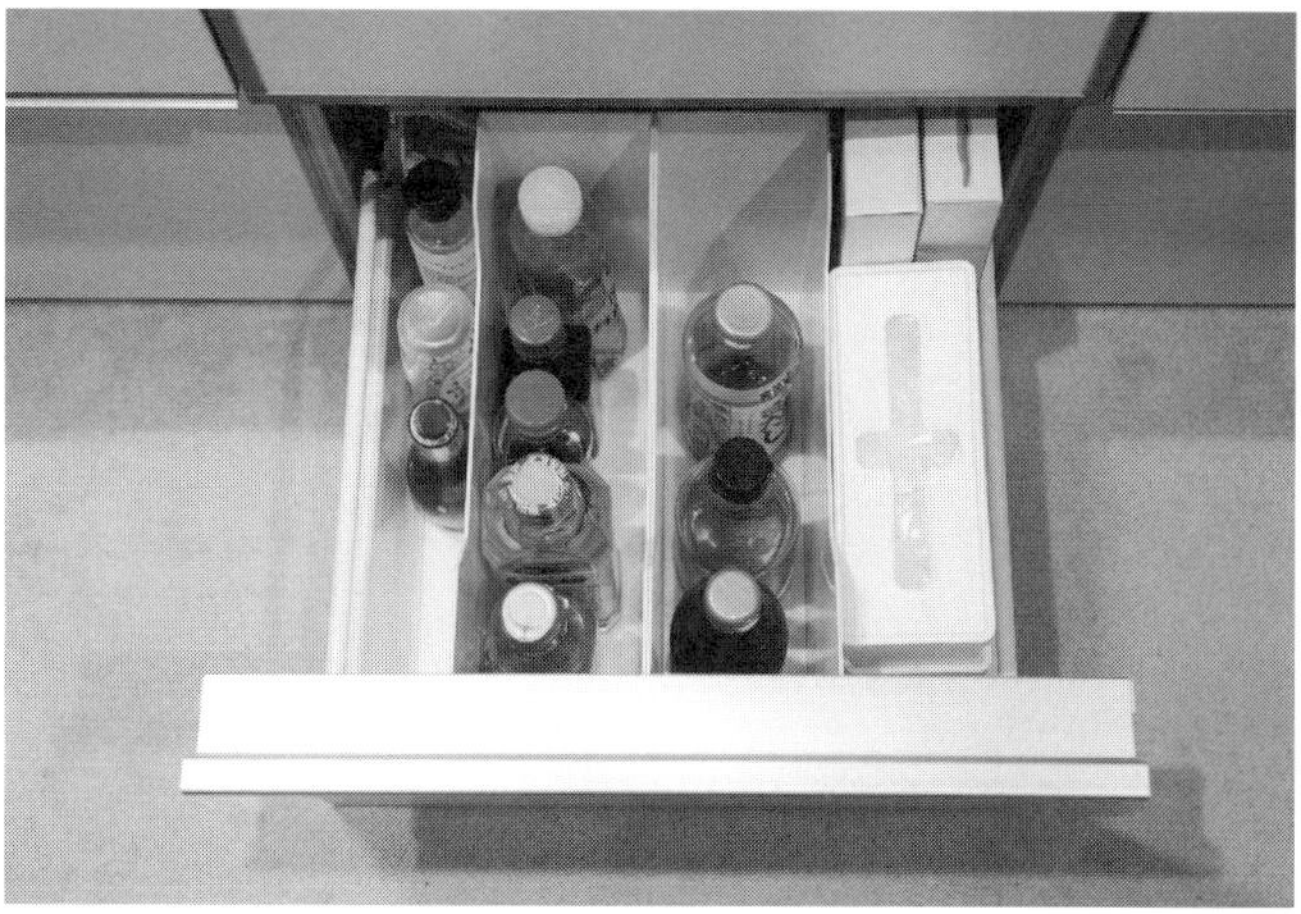

⬆（上）コンロ下の収納は、 引き出しを開けて調理器具をサッと取り出せるように、 隙間を空けてゆったりさせています。（下）調味料類はコンロに近い引き出しに収納。 こぼれても掃除しやすいように、 ファイルボックスに入れています。

ダイニングテーブルが散らからない工夫

**人が集まる場所は
誰でも片付けできるシステムを！**

ダイニングテーブルを食事以外にも使うご家庭は意外と多いと思います。お子さんが勉強をすることもあるでしょうし、私もダイニングテーブルで仕事をすることがあります。

すぐに片付けられる工夫として、**引き出しひとつに仕事に使う書類をまとめるのがおすすめです。布製のバッグに使うモノを全部入れてもいいと思います。ポイントは、とにかくひとつの引き出しやバッグにすべてをまとめて入れて、それごと移動させること。**引き出しやバッグを棚に戻すだけで、あっという間に片付きます。

引き出しやバッグがない状態で急いで片付けようとすると、いろいろな場所に「とりあえず」置いてしまい、大事な書類がどこにあるかわからなくなる原因になります。「とりあえず」

置いたモノは、そのまま置きっぱなしになることも多いので注意が必要です。

ほかにもダイニングテーブルに置きがちなモノとして、ケーブル類やリモコン類が挙げられます。これらも家の中での探し物の上位にくるアイテムでしょう。

我が家では、無印良品の「スチールタップ収納箱フラップ式」に、Ｓｅｒｉａの粘着テープ式の「ミニキャスター」をつけて、ケーブル類をまとめています。Ｓｅｒｉａのキャスターを使うと我が家の棚下に収納する際に、高さがピッタリなのです。

遭難しがちなリモコン類は、リビングの引き出しに住所を作って収納しています。

⬆ケーブル類をまとめている収納箱。キャスターをつけているので、収納場所からの出し入れもかんたんです。

好きな家事、嫌いな家事を知って分担しよう

HIDEMA RULE

本当の気持ちを家族間で話し合い家事シェアを進めよう

家事の好き嫌いについて、ともに生活している人とじっくり話す機会はあまりないかもしれません。でも、よく話し合ってみると、意外な発見があって家事の分担がすんなり決まることがあります。

私は料理があまり好きではありません。仕事のあとに、疲れた頭で献立を考えて作るのがたいへんだと感じるからです。パートナーのぶたじるさんは料理が好きなので、任せることにしました。

反対に洗濯はぶたじるさんが好きではない家事なので、私の担当。排水口の掃除も好きではないようなので、私がやることにしています。

家事を分担する上で気をつけていることは、相手に対して「やってもらって当たり前」と思わないことです。

お互いに感謝の気持ちを伝えることを忘れてはいけないなと感じています。

そして、しっかりと家族間で家事の分担やお互いの状況を共有することが大事です。

たとえば、私の体調が悪いときは洗濯をしてもらったり、ぶたじるさんの体調が悪いときは私が料理をしたりします。分担をしたからといって、自分の担当以外はやらなくていいわけではありません。お互いを思いやる気持ちを大切にしています。

家事の情報を共有できていなくて、失敗した経験があります。植物の水やりです。2人で水をあげすぎてしまい、枯らしたことが何度もあります。それ以来、植物の水やりはぶたじるさんの担当と決めました。

ぜひみなさんも、ご家族と好きな家事について話し合ってみてくださいね。

気分が乗らないときの家事のやり方

HIDEMA RULE

自分の気分の乗せ方を知って楽しみながら家事をしよう

どうしてもやる気が出なくて、後回しにしてしまう家事ってありませんか？　私は洗い物や洗濯物の片付けなどを、よく後回しにしていました。家事を残して寝てしまうと、次の日の朝にモヤモヤして自分を責めたり、落ち込んだりすることも少なくありません。

そんな日々の中で試行錯誤して、家事が捗(はかど)るいい方法を見つけたのです。

その方法のひとつがインスタライブです。**1日の最後に行うキッチンのリセットがどうしても気が進まず、手につかないときは、インスタライブをしながらキッチンのリセットをすればがんばれることに気がつきました。**ちょっと面倒だなと思うことも、ライブを見てくださるみなさんと気持ちを共有できて家事を楽しめるので、捗ります。

ラジオやPodcast、Voicy、stand.fmなどの音声コンテンツを聞きながら家事をするのもお気に入りで、星野源さんのラジオやリセッターリスト®の山本香織さんのPodcastをよく聞きます。YouTubeだと小田切ヒロさんや渡辺直美さんの動画も楽しく拝見しています。みなさんもお気に入りのコンテンツを見つけて、試してみてくださいね。

曜日ごとの家事リストを作って、「今日はここだけできればOK」と決めておくのも、家事がスムーズに進む方法のひとつだと思います。

たとえば、月曜日は玄関、火曜日はコンロまわり、水曜日はシンクまわり、木曜日は床掃除というように決めていきます。「今日やるべき掃除はできた」と思えると、ずいぶん気持ちがラクになりますし、仮にできなくても「今日の分は週末にまわそう」「明日やろう」というように、心に余裕ができます。

漠然とたくさんの家事を抱え込んでいるイメージだと、気持ちが重くなって、できなかった日にさらに自分を責めてしまいます。「最低限これはやっておこう」というリストがあると、あれもこれもやらなきゃと考えなくていいので気持ちがラクになりますよ。家事は全体量を把握できると、不安やモヤモヤがなくなり、明日の自分や週末の自分を頼ることができます。無理をせずに、楽しく取り組んでいけるといいですね。

3-6

五徳は外しておいて すぐにコンロを拭けるようにする

掃除はかんたんに継続できる ちょいワザを見つけて実践しよう

油汚れは、時間が経つと固まったり、落としづらくなって、掃除がたいへんになります。きれいに掃除するために強い洗剤を使ったり、力が必要だったりと、手間がかかりますよね。ですが、油汚れが固まる前に掃除できるとかんたんです。

私はコンロ横の壁にSeriaの「透明フック粘着」を貼り、料理するとき以外は五徳をかけています。五徳を取り外したコンロは、ウェットシートで拭きます。五徳がないだけで拭き上げしやすく、とても掃除がラクになりました。

五徳は洗うのがたいへんなので、食洗器で洗うことにしました。ただし、メーカーでは推奨していないようですので、ご注意ください。

我が家は3口コンロなのですが、五徳を吊るしておくと、料理をしていて油がはねたり、吹きこぼれなどで使っていない五徳が汚れることもありません。

ほかにも汚れ防止対策として、グリルの排気口に、川口工器の洗いやすい「排気口カバー」を使っています。グリルを使うときは、奥にパタンと倒すだけ。このカバーの掃除は、コンロまわりを掃除するときにウェットシートで拭くだけでOKです。

もうひとつ、キッチン掃除の難所があります。それは、コンロのふちです。コンロのふちに油や調味料が入り込んで苦労した経験がある方もいるのではないでしょうか？　液体や粉物が混じり合い、茶色い汚れが溜まるのでひと苦労です。

そうなる前に、私はマスキングテープをコンロのふちに貼っています。コンロ用の防炎テープも販売されていますので、おすすめです。マスキングテープは、数週間に1回貼り替えています。角のカーブのところは少しカットして、コンロの形に添うようにしています。マスキングテープを貼っておくだけで、隙間に汚れが入ることはありません。

このテクニックは、お風呂の浴槽のサイドにも活用できます。**防水テープを貼っておくと、その中が汚れたりカビたりしなくなるので、断然掃除がラクになります。**

⬆（上）透明フックで五徳をコンロ横の壁にかけています。コンロに吹きこぼれてもサッと掃除しやすいです。（下）ホコリや油がはねるのを防ぐ川口工器の「排気口カバー」。魚焼きグリルを使うときは、カバーを倒して空気の通り道を確保。

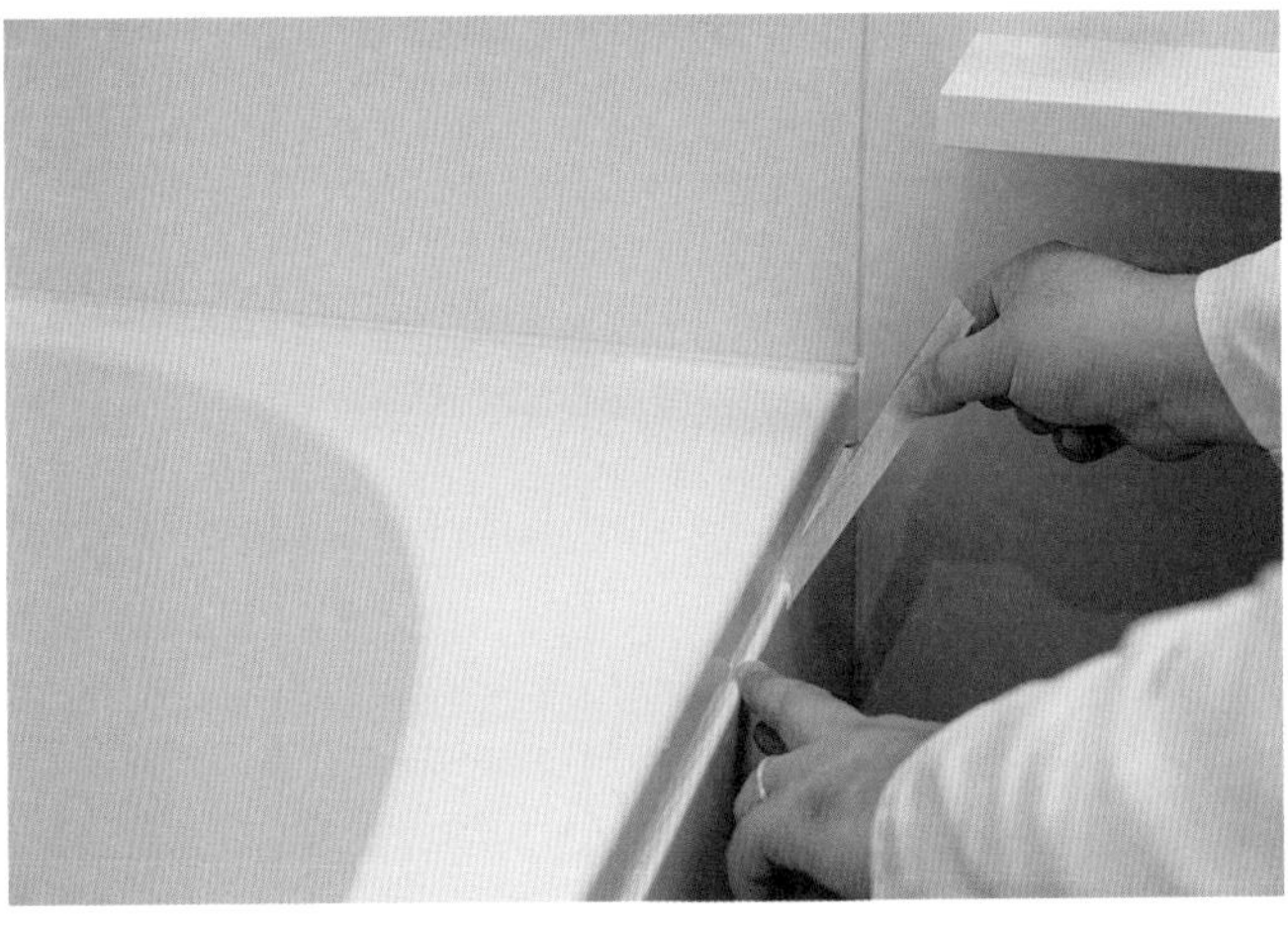

⬆（上）マスキングテープを貼るだけで、汚れが溝に入るのを防げます。角の部分は少しカットして貼ります。（下）汚れが入り込むと掃除が厄介な浴槽のエプロンも、マスキングテープを貼ればエプロン内が汚れません。

3 - 7

3分半あれば掃除機がかけられるんです

HIDEMA RULE

家事時間を測っておくと時間のパズルが完成する

ここまで読んでいただいている方はお気づきかもしれませんが、私は家事が苦手です。毎日きれいにしているのが面倒で、人を呼ぶ前に慌てて必死に片付けるタイプでした。それがたいへんで人を呼ぶのが憂鬱（ゆううつ）になり、誰も呼ばないようにしようと思っていたこともありました。

片付いていないと、掃除をするにもひと苦労です。テーブルの上に書類が置かれていたり、床にバッグや洋服が散乱していたり。片付けられていないと、掃除もしづらい状況になってしまいます。

家事が苦手な分、かんたんにいつでも掃除ができるように、おうちを整えたのです。

今では「部屋がいつもきれいですね。でも、キープするには努力が必要じゃないですか？」と言われることもありますが、そんなことはありません。苦痛に感じることなく、隙間時間にサッと掃除ができる方法を見つけたのです。

さて、みなさんは掃除にどれくらい時間がかかるか把握していますか？　47㎡の我が家のすべての部屋に掃除機をかけたところ、3分半でした。いったいどれくらいの時間を掃除に使っているのかが気になって、測ってみたのです。

掃除機＝3分半ということがわかると、「家を出るまであと5分あるから、掃除機をかけられる」というように隙間時間を有効活用することができます。

もう少し時間があるときは、5分かかるトイレ掃除までしてしまいます。

それぞれの掃除にどれくらい時間がかかるかを把握していれば、効率よく家事をこなすことができるのです。

「ちょっとがんばれば、スッキリした気持ちでYouTubeが見られるぞ！」なんて気合いを入れて家事をはじめると、スタートダッシュを切ることができます。

ぜひ一度、家事にかかる時間を測ってみてください。みなさんのおうちも意外と早く終わるのではないでしょうか。

時間の有効活用でスッキリきれいに

コーヒーやお茶をよく飲むので、お湯をわかす時間も有効活用しています。お湯をわかす間にするのは、キッチンのちょこちょこ掃除です。お湯がわくまでなのでそれほど長い時間ではないですが、冷蔵庫の中や扉、電子レンジの中など、汚れているのが気になっているけれど、いつも後回しにしてしまうところを掃除する時間にしています。「お湯がわくまでの時間だけやる」というように、時間を決めていると楽しんで家事ができてしまうから不思議です。

掃除を忘れがちな場所でも「○○のタイミングでちょこちょこ掃除」と決めておけば、無理なくきれいな状態を保てます。

「電子レンジを使っている時間にちょこちょこ掃除」「お風呂でシャワーがお湯に変わるまでの間にちょこちょこ掃除」というように、時間を有効活用してみてください。

⬆家事が苦手だからこそ、いつでも掃除ができるように片付いた状態をキープしています。

汚れを溜めこまないためのちょこちょこ掃除

HIDEMA RULE

1日1箇所、短い時間の掃除を続けよう

お風呂は汚れを溜めこむと、掃除がたいへんになってしまう場所のひとつです。ヌメリやカビが出てしまうと、一気に掃除のハードルが上がりますよね。浴槽など毎日の掃除とは別に、1日1回、掃除をするタイミングを決めています。

それは、〝シャワーの水がお湯に変わるまでの待ち時間〟です。シャワーを浴びる前に、サッと自分ができる範囲のちょこちょこ掃除をしています。

そのときに自分が一番気になる箇所に、シャワーで水をかけてブラッシング。「今日は排水口」「今日は鏡」などと、**1日1箇所、短い時間の掃除を重ねることで、頑固な汚れを溜めることなくきれいな状態が保てます。**

たった数十秒の掃除が、じつは効果的なのです。

ヌメリやカビ対策としては、お風呂の中にある小物類が壁や床につかないように気をつけています。

我が家のお風呂は壁にマグネットがくっつくので、ニトリの「マグネットバー」を取りつけました。もともとあるタオルハンガーと上下2段にして、DAISOの「ステンレスボトルホルダー」や無印良品の「ステンレスひっかけるワイヤークリップ」を使って吊るし、宙に浮かせる収納をしています。底のヌメリが気になっていたシャンプーや洗顔料などを吊るすようにしてからは、ヌメリが気にならなくなりました。床にラックも置かなくなったので、掃除がラクですよ。

カビ対策としては、やはり湿気をとることが大事です。そのため、浴室乾燥機はお風呂を使ったら毎回かけるようにしています。

「1日1箇所、数十秒掃除する」というように、ゴール設定のハードルを下げると、私のように掃除が苦手な人でも続けられると思います。

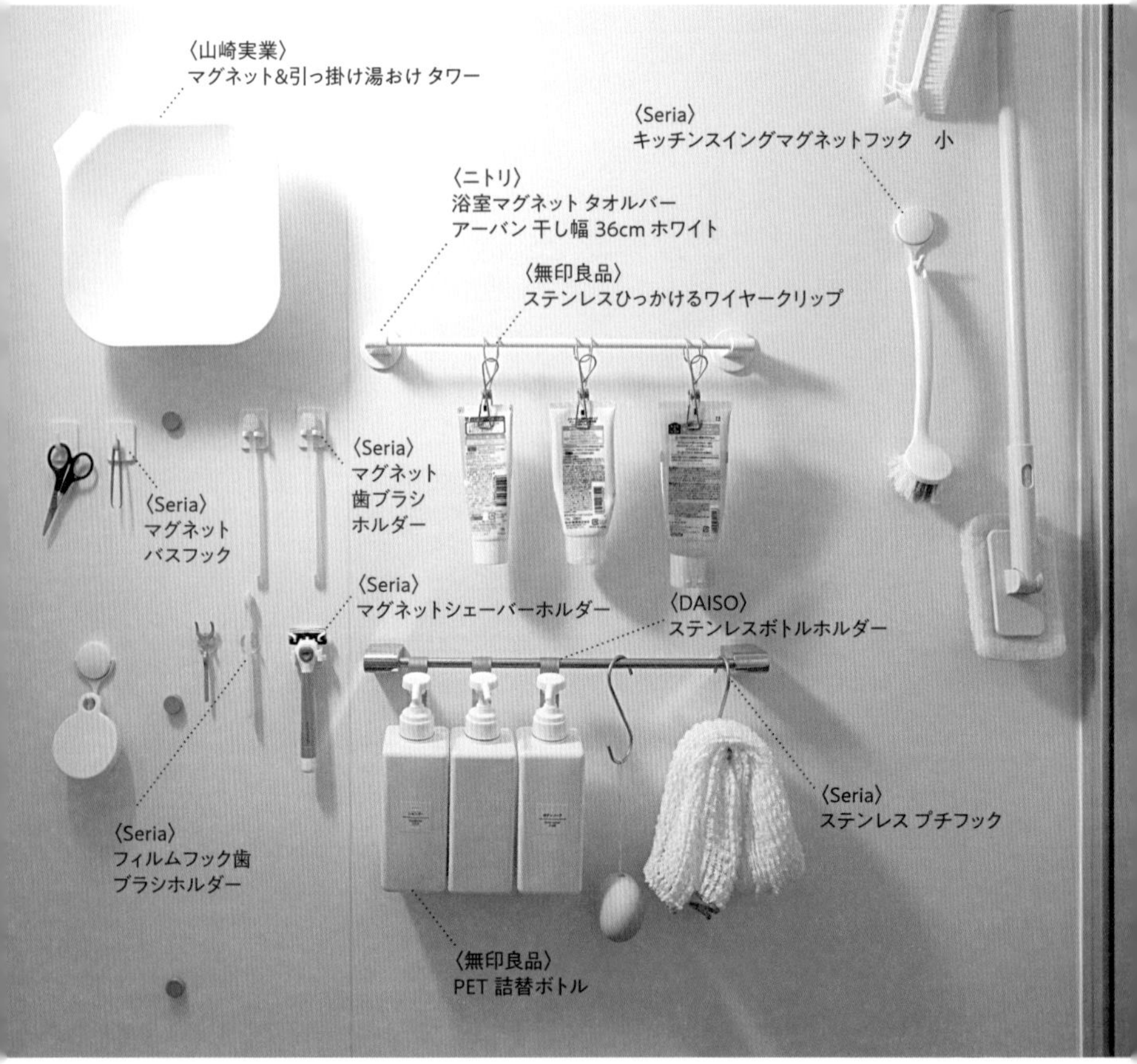
〈山崎実業〉
マグネット&引っ掛け湯おけ タワー
〈Seria〉
キッチンスイングマグネットフック　小
〈ニトリ〉
浴室マグネット タオルバー
アーバン 干し幅 36cm ホワイト
〈無印良品〉
ステンレスひっかけるワイヤークリップ
〈Seria〉
マグネット
歯ブラシ
ホルダー
〈Seria〉
マグネット
バスフック
〈Seria〉
マグネットシェーバーホルダー
〈DAISO〉
ステンレスボトルホルダー
〈Seria〉
ステンレス プチフック
〈Seria〉
フィルムフック歯
ブラシホルダー
〈無印良品〉
PET 詰替ボトル

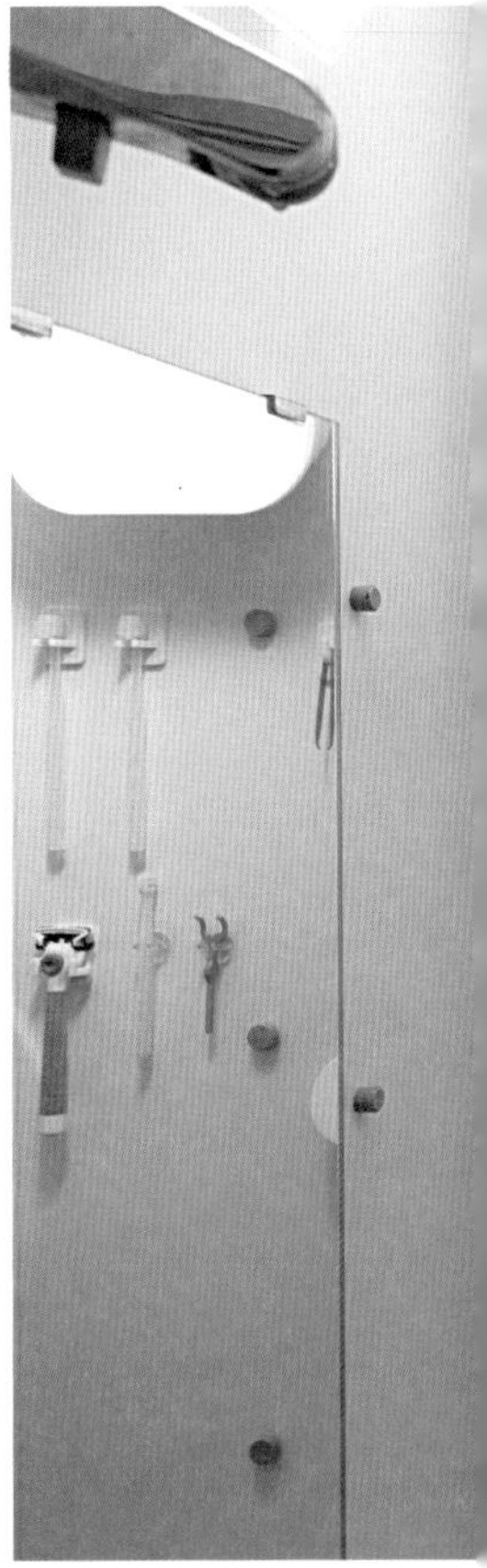

➡洗面器はユニットバスの壁にマグネットでくっつく、山崎実業 tower シリーズのアイテム。浮かせればヌメリもつきにくいです。

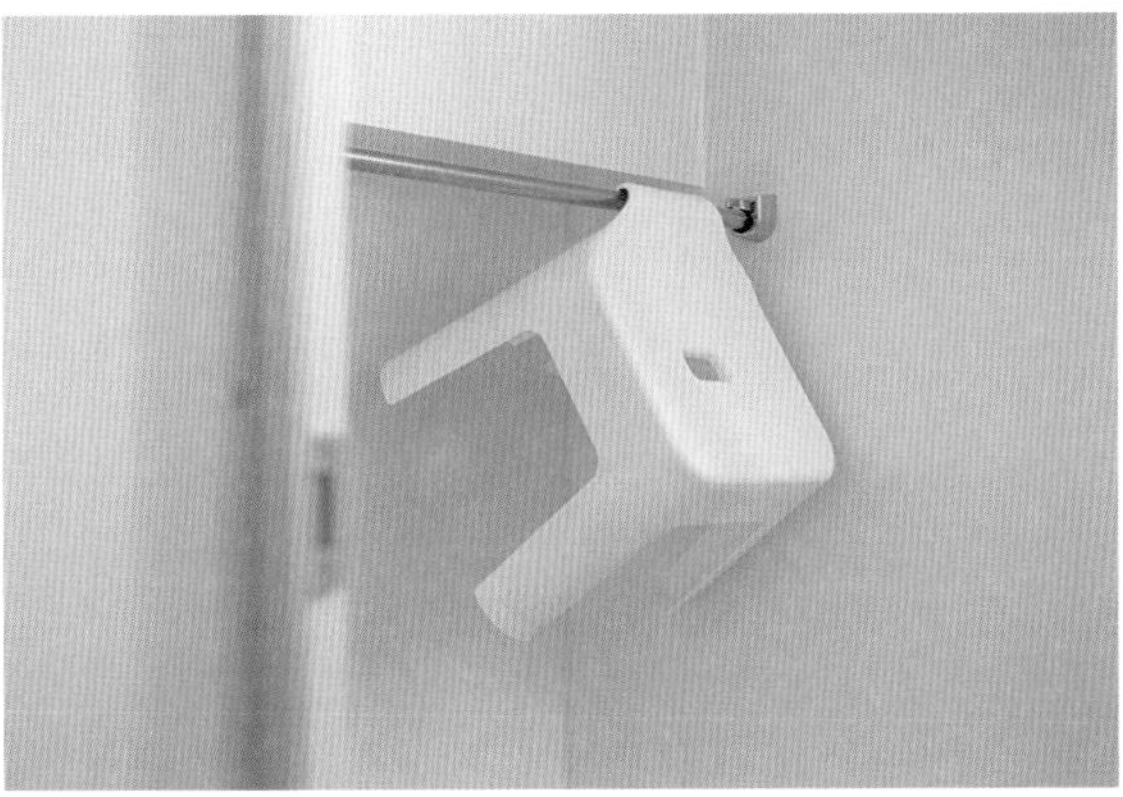

⬆風呂イスも山崎実業のモノを使っています。バーに引っかけることができるので、乾かしやすいのです。

3-9

エコバッグや水筒で自分なりのSDGs

HIDEMA RULE

自分が知っている環境にいいことを継続していこう

私はSDGsをむずかしく考えていました。何か特別な対策をしたり、いつもエコを意識した暮らしをしないと実践できないと思っていたからです。

ただ、それは私の考え違いで、1人1人が暮らしの中でちょっとしたことに気をつければ、環境を守れることを知ったのです。

ごみを極力出さないために、エコバッグや水筒を持ち歩くこと。それだけでも、SDGsに取り組んでいることになると思います。ちょっとしたことではあるのですが、ビニール袋や紙袋、カップ類などを自分が用意したモノで代用できると、「ごみが減らせたかな」と感じられます。

お気に入りのエコバッグや水筒があれば、気分もあがりますよね。

40ページに掲載しているトートバッグとは別に、近所に買い物に行くときにはエコバッグを持ち歩いています。コンパクトになるので機能性が高く、見た目もかわいいモノを愛用しています。

エコバッグを持ち歩いているとはいえ、レジ袋と紙袋も家にあります。レジ袋と紙袋の収納については、98ページでご紹介したように「自分で決めたスペースに入る分だけ」という管理方法にしています。

水筒はコールド専用とホットも入れられるモノをひとつずつ持っていて、季節によってどちらを持ち歩くかを決めています。

環境を守ることは、結果的には自分を守ることにもつながります。自分の家も暮らしやすくなるうえに、地球のためにもなるならば、小さなことだけどSDGsを続けていきたいと思っています。

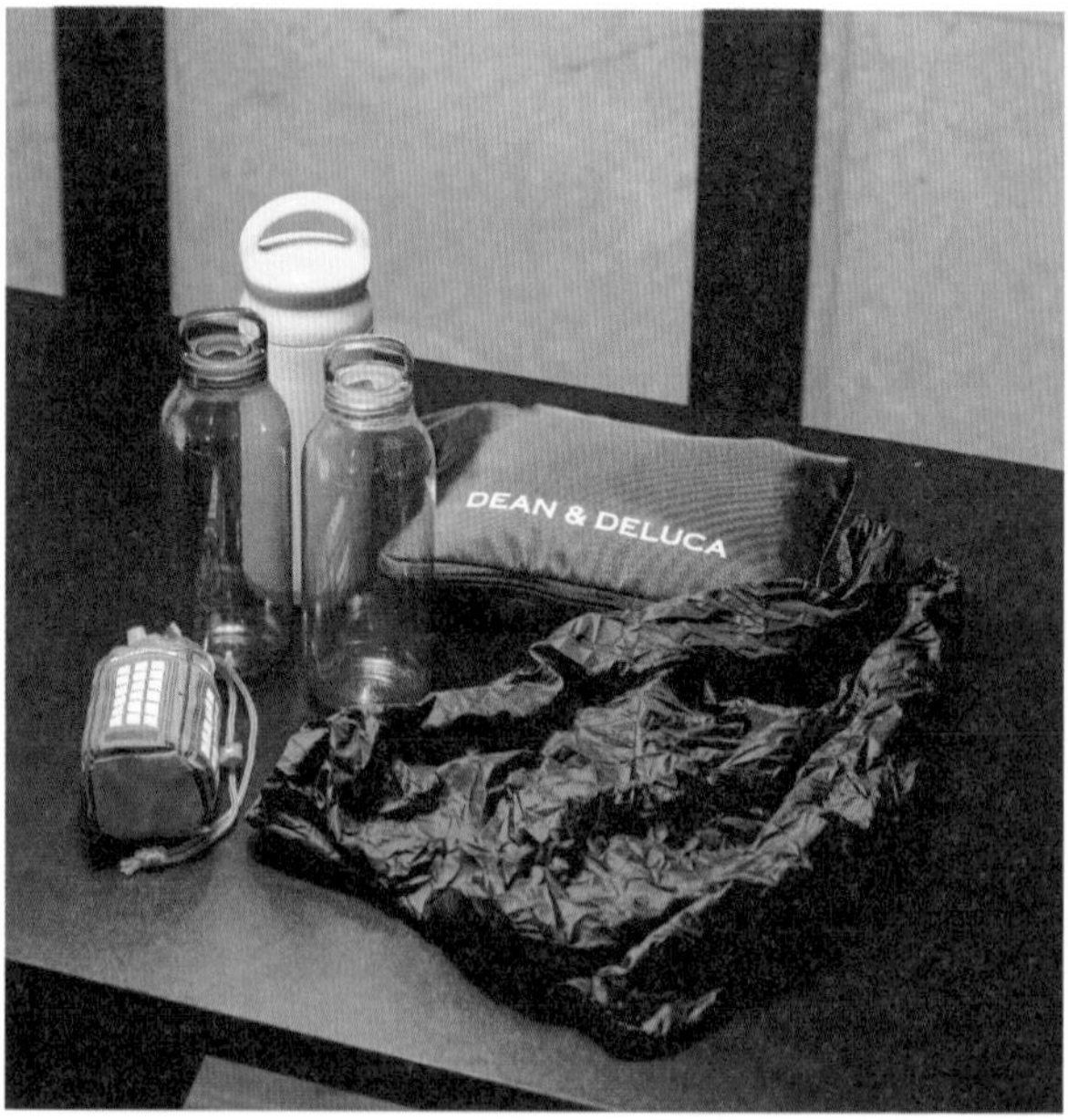

⬆ KINTOの水筒は軽くて重宝しています。 いくつか使っているエコバッグのうち、 電話BOX型はとくにお気に入りです。

第4章

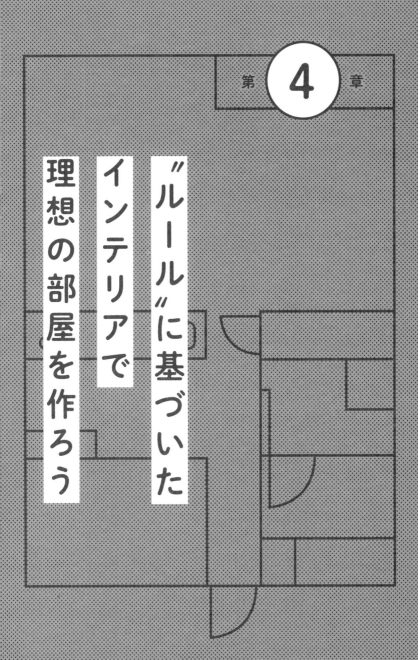

〝ルール〟に基づいたインテリアで理想の部屋を作ろう

4-1

インテリアにはセンスよりルール

HIDEMA RULE

ひでまる流インテリアの3大ルールで部屋をワンランクアップさせよう

いよいよ、ピラミッドの一番上「⑤インテリア」の章に入ります。

部屋を素敵に飾るためには、センスは不可欠と思われることが多いですが、私は「**インテリアにはセンスよりルールが重要**」だと考えています。

必要なのは、センスではなく、〝ルール〟です。そのルールを知っていれば、今よりもきっと自分の部屋を好きになれます。

「片付けはできるけれど、インテリアは……」という人にこそ、このルールに沿って作るインテリアを試してみてほしいです。

ひでまる流インテリアの3大ルール

①部屋の見せ場を作る

②色の配分を意識する

③3つのモノを三角形に並べる

「そもそも、どんな部屋にしたいのかがわからない」という人もいるかもしれません。そんなときは、自分が部屋に求めていることは何なのかを考えてみるといいでしょう。インテリアにはセンスよりルールが重要とお伝えしていますが、**私が考えるセンスのある人の定義をあえて言うとしたら、「自分が何が好きなのかを知っている人」だと思っています。**

まずは、「自分の好きなモノはどのようなモノか」を知ることからはじめてみましょう。

目の前にふたつクッションがあったら、「素材はどちらが好きか」「色はどちらを選ぶか」、そして、「なぜ選ぶのか」という理由をしっかりとわかっていることが大事なのだと思います。

4-2

部屋の見せ場となる主役を決める

HIDEMA RULE

好きなモノを主役にした部屋は好きな空間になる

１３９ページで、インテリアの３大ルールとして最初に挙げた「**①部屋の見せ場を作る**」について説明します。

まずは、部屋の主役となるモノを決めます。これは自分が大好きでずっと見ていたいモノです。その主役がよく見えて、映える場所を作るのが、見せ場を作るということです。

どこに主役を配置すればよいかは、人の目線がどのように動くのかがわかれば、すぐに判断できます。人は部屋に入ると、まず正面を見ます。そのあと、左から右に視線が動くのです。ですから、**正面と左側で部屋の印象が作られる**と言っても過言ではありません。

我が家の主役は、植物です。部屋の正面には、大きいビカクシダを天井から吊るしていて、左側には照明や好きな植物たちを多めに配置しています。植物たちがいきいきとしていて、癒やしの空間になるように部屋作りをしました。

お客様のおうちで手直しさせてもらった例を、ふたつご紹介します。

あるおうちでは、部屋に入ったときに、正面の壁に掃除機が立てかけてありました。部屋に入ったときの第一印象は、できれば掃除機ではない方がいいですよね。その場所に置かなくてもよいということだったので、掃除機は死角になる場所へ移動しました。

また、別のおうちでは、主役となるソファーが部屋に入った正面に配置されていて素敵な印象でした。でも、ふとソファーの横を見るとごみ箱が置いてあります。たしかに便利ですが、ソファーよりごみ箱が目立っていて、残念な印象になっていました。ソファーを少し斜めに配置して奥側の足元にごみ箱を置いてみたところ、死角になって正面からは見えません。素敵なソファーだけが印象に残る部屋をご提案することができました。

よくいる場所からの景色にこだわる

自分が大好きな部屋を作るわけですから、来客時の印象だけではなく、普段自分が見る部

屋の印象も大事です。ダイニングで食事やお茶をしているときに見える景色や、リビングでくつろいでいるときに見える景色など、よくいる場所から見える部屋の景色も心地よいものにしましょう。

いつもの席に座って部屋を見渡すと、何が見えるでしょうか？　たとえば、書類などがごちゃごちゃ見えたりすると「散らかっている」印象になります。そういうときは、見えにくい位置に書類を移動させるだけでも、印象が変わるので試してみてください。

あるお客様からは、「義理の両親が遊びに来るので、片付けたいんです」というご相談がありました。まずは、ダイニングのイスに座って何が見えるかをチェックしてもらいました。「書類や食器類など、生活感のあるモノが見えて気になる」とのことだったので、一番景色がいい場所をご両親の席に。座る位置を変えるだけでも、部屋のイメージは変わります。

見えていても気にならないモノは、そのままにしていても大丈夫です。

仮に見えていたらいやなモノが部屋にあっても、その存在を主役が消してくれる場合があります。たとえば、大きめのウンベラータの鉢が部屋の正面にドーンとあると、その下のごみ箱は目に入らないこともあります。主役が印象に残れば、それが正解です。

⬆我が家の主役は、リビングの右側の窓の上に飾っている大きいビカクシダ。the Farm UNIVERSAL Ginza で購入しました。

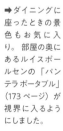

➡ダイニングに座ったときの景色もお気に入り。部屋の奥にあるルイスポールセンの「パンテラ ポータブル」（173 ページ）が視界に入るようにしました。

4 - 3

ベースカラーを意識するとキマる

HIDEMA RULE

長く使いたいモノ、なじませたいモノはベースカラーにしよう

みなさんは自分の部屋のベースカラーを知っていますか？　**ベースカラーとは、おうちの中で変えることのできない色のことです。**

具体的には、建具や壁、床、天井など、部屋の面積を大きく占めるものです。

家具を選ぶときや好きな雑貨を選ぶときに、このベースカラーの上にのせることを意識すると、選び方が変わってくると思います。

ベースカラーを基準として考えることで、モノ選びがしやすくなりますし、部屋全体がまとまるのです。

私の家のベースカラーで言うと、フローリングの床の木の色、コンクリート打ちっぱなしの壁のグレー、漆喰（しっくい）の壁の色のホワイトになります。

これからおうちを建てるという方や、持ち家で自由に壁の色を変えられるという方は、ベースカラーを変えることは、それほどハードルは高くないでしょう。

ただ、賃貸にお住まいの方でも、ベースカラーを変えることができる壁紙もあります。輸入壁紙専門店WALPA※には、貼ってはがせる壁紙も多くそろっています。オンラインで購入することができますが、大阪や東京・恵比寿に店舗があって、実際に手に取って見ることもできます。クオリティが高くて、種類も豊富なのでおすすめです。

※ WALPA　https://walpa.jp/

⬆（上）入居前の我が家。ⓐ木の色（床）、ⓑグレー（コンクリートの壁）、ⓒホワイト（漆喰の壁）がベースカラーになっています。（下）現在は家具を置いたり、ラグを敷いたりしているのでそれほど目立ちませんが、床はフローリングです。

⬆（上）我が家の壁の大部分を占めているのは、コンクリートのグレー。天井の壁もコンクリートの仕様です。（下）壁はコンクリート以外に、漆喰の壁もあります。リビングの窓の近くや、共用部分は白い壁なんです。

ベースカラー6：メインカラー3：アクセントカラー1の法則

HIDEMA RULE

部屋の色を数値化してバランスを取ろう

146ページではベースカラーについてご説明をしましたが、ほかにもメインカラー、アクセントカラーというものがあります。それが3大ルールの2番めに挙げた「**②色の配分を意識する**」です。

ベースカラーを全体の6割としたときに、残りの3割をメインカラー、1割をアクセントカラーに設定すると、洗練された印象の部屋が作れます。

たとえば、貼ってはがせる壁紙を一部の壁に、アクセントカラーとしてブルー系のクロスを貼って、そのクロスの反対色であるイエロー系のソファーを置いてみる。このように、カラー配分を意識するだけで部屋の見え方が変わります。

次に挙げているのは、我が家のベースカラー、メインカラー、アクセントカラーです。

ベースカラー（6割）：木の色（床）、グレー（コンクリートの壁）、ホワイト（漆喰の壁）

メインカラー（3割）：グリーン（植物、クッション、ラグ、小物）、レッド（クッション、ラグ、小物）

アクセントカラー（1割）：ブルー（花瓶、キャンドル、お皿、小物入れ）

収納用品は、すべてベースカラーの色にしています。6割というとむずかしく聞こえるかもしれませんが、「パッと見たときに半分よりもちょっと多いくらい」という視覚的な感覚で決めています。大物家具は、迷ったらベースカラーにしておくと部屋全体がまとまった印象になります。

メインカラーは、グリーンとレッドにしています。もっとポップな印象にしたいなら、ピンク、黄色、オレンジを選ぶのもいいですね。モダンでシャープな印象にしたければ、グレーとブラックをメインにして、アクセントはイエローを選ぶといいと思います。

我が家では、メインカラーとアクセントカラーは季節によって変えて、インテリアを楽しんでいます。

春夏のリビング

⬆（上）春夏バージョンのリビングのインテリアです。メインカラーのグリーンを多めにしています。（下）春夏用のラグはメインカラーのグリーン系。楽天で購入したペルシャじゅうたん風です。洗濯機で洗えるんです。

秋冬のリビング

⬆（上）こちらは秋冬仕様のリビングです。メインカラーのレッドを入れつつ、暖色系の色合いでまとめています。（下）秋冬のインテリアには、ラグだけでなくフェイクファーも敷いてあたたかみをプラスしています。

4-5

ラグやクッションカバーで部屋のイメージを変える

HIDEMA RULE

布モノで模様替えをして季節を楽しもう

部屋の模様替えというと、家具の位置を変えることを想像される方が多いかもしれません。しかし、もっと気軽にできる模様替えとして、布モノを季節によって替える方法があります。

たとえば、春夏はクッションカバーをサラッとした素材にしたり、さわやかで明るい色合いのモノに替えます。秋冬でしたら毛足の長いふわふわした素材や、あたたかい色合いのモノにすると、春夏から雰囲気をがらっと変えることができます。

衣替えに近い感覚かもしれません。思った以上に部屋の印象が変わるのでおすすめです。

選ぶときのポイントは、素材と色です。

春夏は、リネンなどのサラッとした軽い素材がおすすめです。春になったらさわやかで明るいイエローやホワイト、グリーン、真夏は涼しい印象のブルーを選ぶようにしています。秋冬は、ふわふわなファーやコーデュロイなどの素材を選ぶといいでしょう。暖色のレッド系やブラウンといったあたたかみがある色を選ぶと、季節の模様替えを楽しめます。

クッションカバーはイケアやunicoで選ぶことが多いです。リーズナブルで種類が豊富なので、買い替えも気軽にできるので重宝しています。

クッションカバーと同じタイミングでソファーカバーも替えると、さらに部屋の印象に変化を与えることができます。ダイニングソファーはunicoのSWELLAシリーズです。替えカバーの新作が出たりするので、そのときの気分で色を選んでいます。

模様替えのタイミングで、小物もクッションカバーの色にリンクするモノに替えるとさらに部屋の印象に変化をつけられます。花瓶やランチョンマット、フォトフレームなど、同系色のモノが3つ以上あると部屋の雰囲気が変わるので、まずは試してみてください。

小物はACTUSやIDÉEで探すことが多いです。実際にお店に行って買う方が好きですが、事前にPinterestやInstagramなどで検索をして欲しいモノに目星をつけておきます。そうすれば買い物しやすくなりますし、探しに行く楽しみもできます。

春夏のリビング

⬆（上）我が家の春夏のソファーカバーはデニム生地です。クッションは白と白黒は通年、グリーン系2個が春夏用。（下）アクセントカラーのブルーを取り入れたフラワーベースで、春夏のダイニングテーブルを彩ります。

秋冬のリビング

⬆（上）秋冬のソファーカバーをベージュのコーデュロイに。クッションカバーはグリーン系をレッド系にチェンジ。（下）ブラックやブラウンで秋冬の小物を選びました。敷いているランチョンマットは、ZARAHOMEで購入。

4-6

「3つのモノを三角形に並べる」をこっそり多用する

HIDEMA RULE

三角形に並べて
モノを美しく立体的に見せよう

繰り返しになりますが、インテリアにセンスは必要ないと私は思います。なぜなら、ルールに沿ってインテリアを作っていけば、誰でもセンスよく飾れるからです。

その3大ルールの最後が、「③3つのモノを三角形に並べる」です。

具体的には、奥に背の高いモノをひとつ配置し、手前には背の低いモノをふたつ並べます。そうすることで立体的に見えて、モノが輝き出すのです。

我が家では、植物の配置にもこのルールを使っています。葉っぱが大きいカラテアの鉢を後ろに置き、手前に小さめのスイカペペとシルバーメタルの鉢を配置します。そうすると、遠近感や凹凸感が出て、植物のイキイキした様子や生命力が視界に飛び込んでくるようになるのです。

また、キャンドルやインテリア小物も、大きさの違うモノを三角形に並べたり、同じ種類の雑貨を3つ並べたり、同系色や同素材で3つ並べたりなど、部屋を見渡すと40～50種類の三角形を我が家では配置しています。

正面から見て三角形、横から見て三角形、上から見て三角形などのバリエーションがあり、大量のコレクションを並べたい方にも、この方法はおすすめです。

集合したモノたち全体の並べ方を見たときに、それぞれに大きい三角形や小さい三角形が何個もできていて、全体が大きな三角形になるように配置するのも、美しく見えるひとつの方法です。記念撮影のときのように、みんなの顔がよく見えるようにモノを並べてあげると、たくさん並んでいてもスッキリ見えてきます。

ただ並べているだけだと、モノが置かれている場所という印象になりますが、「③3つのモノを三角形に並べるルール」を使えば、空間がより魅力的になります。

「あ、これは三角形になってないな」と気がついて並べ替えるときは、掃除もついでにしてあげると、部屋がきれいに保てるので好循環。こだわって並べると、眺める回数も増えるので、おうち時間を楽しむことができると思います。

⬆ラックの上にランダムに並べているように見える植物も、三角形に並べることを意識しています。

⬆ダイニングテーブルに置いているフラワーベースはイケアで購入。高さを変えることで立体感が出ます。

⬆仕事用のデスクに置いている小さい植物たち。 形が違うモノも三角形に並べることでまとまりを出せます。

⬆キャンドルは色違いで3本そろえました。 色も、 高さも異なるキャンドルで三角形を作っています。

まとまった印象は1本のラインで決まる

**部屋の中のアイテムの縦と横のラインを
そろえてスッキリ見せよう**

「モノを並べても、なぜか雑多に見えてしまう」という部屋で、私がポイントにしているのは「〝1本のライン〟ができているか」です。

私の部屋でいえば、素材感が違う家具は、なるべく高さをそろえています。これが高さ（横）の〝1本のライン〟です。164～165ページでは、我が家の例をご紹介しています。木製のチェストとアイアンのテーブルなど、素材が違ったとしても、高さをそろえることで、まとまって見えます。

人の目線が動いたときに、高さがでこぼこだと、バラバラな印象になってしまいます。とくに大物家具は高さをそろえることを意識して選ぶことをおすすめします。

ファイルボックスなどの小さい収納用品は、同じモノを2個並べると、スッキリ整って見えます。じつは、**左右対称は整然とした印象作りのメソッドなのです。**

ヨーロッパなどの建築様式は左右対称に造られていることが多く、身近な話でいうと、学校の式典のときは、体育館の舞台上に左右対称に飾りつけやお花が置かれています。

ファイルボックスを2個並べると整然とした印象になるうえに、それが何段かあると、真ん中に縦の〝1本のライン〟が入るように置けます。

同じ種類の収納用品でなかったとしても、縦の〝1本のライン〟があれば、まとまり感が出て洗練された印象になるので参考にしてみてください。

⬆棚などに収納用品を置くときは、同じ収納用品を２つ横並びにしつつ、縦のラインを意識します。収納用品の種類はバラバラでも問題ありません。

⬆ダイニングに置いている5つのテーブルとチェスト
は、高さ（横）のラインをそろえています。

75～135㎝の高さを整える

座っていても、立っていても、よく見える場所に好きなモノを飾ろう

人は75～135㎝の高さにあるモノが視界に入りやすく、手に取りやすいといわれています。立ったときにも座ったときにもちょうど見える高さが75～135㎝で、自然と視界に入ってきます。

この高さのゾーンに、「フォーカルポイント」を作ることをおすすめしています。**「フォーカルポイント」とは、部屋の注目ポイントのこと。ここに眺めていたいモノや好きなモノを並べると、心が満たされる理想の部屋作りができると思います。**

私は75㎝の高さの仕事用のデスクにも、161ページでご紹介した植物を置いています。デスクまわりには植物のほかに、同じく161ページでご紹介しているキャンドルやインテリア小物を飾っています。

我が家では75～135㎝の高さ以外はスッキリさせておくようにしています（168～169ページ）。背の高い植物ならば床に置くのもありですが、小さめの鉢植えなどは床に置かずに目線の高さに置いて、第一印象に残るようにしています。

「フォーカルポイント」に当たる高さが散らかっていると、部屋全体が散らかっている印象になってしまいますので、ご注意ください。

この「フォーカルポイント」に158ページでご紹介した「3つのモノを三角形に並べる」ルールを使ってお気に入りのモノを飾ることができたら、部屋は一気にあか抜けると思いますよ。

⬆ 75 ~ 135cm の高さの場所＝「フォーカルポイント」に好きなモノたちを並べています。

4-9

リーズナブルなモノでもおしゃれに見える

HIDEMA RULE

インテリアは価格ではなく自分にマッチするかで選ぼう

「高級なモノを置かないとおしゃれにならない」という声を聞くことがありますが、まったくそんなことはありません。たとえ高級でも、自分に合わないモノ、好きではないモノを置いていたら、おしゃれには見えません。自分がどういうモノが好きかを知っていたら、自分に合ったモノが選べます。

好きなモノであれば、リーズナブルで身近にあるモノでも素敵な部屋を作れると思っています。本当に自分が好きなモノを選ぶことが重要です。

有名なデザイナーのイスはもちろん素敵ですが、現在家にあるテーブルに合うとは限りません。

イスを選ぶとしたら、「色は何色？」「背もたれの高さの理想は？」「テーブルに合うイスは？」と具体的に考えていくと、自分に合う好きなモノが見つかります。

よくあるのは、気に入った花瓶を買ったけれど、「サイズが小さくて使えない」「大きすぎて花を飾れない」と宝の持ち腐れになってしまうことです。せっかく持っていても、飾れないのでは意味がないですよね。「枝モノを飾りたい」と決めていたら、それに合わせたサイズを選ぶなど、使いたい用途を絞っていくと、お気に入りを選びやすいかと思います。

リーズナブルなモノがたくさんあっても、部屋をおしゃれに見せるコツがあります。それは、**「部屋の中でひとつかふたつ、いいモノを置く」ということです。**

テーブルやイス、照明など、家具の主役になり得るモノをどれかひとつ、奮発して取り入れてみてください。部屋のグレードがアップして見えますよ。

我が家では、[a]テーブルランプ照明と間接照明を憧れのアイテムにしました。ほかのアイテムはリーズナブルでも、上手に組み合わせることで部屋が高見えしますよ。

⬆ダイニングテーブルの上にある照明は、ルイスポールセンの「PH5」。やさしい光に毎日癒やされています。

⬆ルイスポールセンの「パンテラ ポータブル」はACTUSで購入。平安伸銅工業の「DRAW A LINE」のプレートに乗せています。

4 - 10

部屋が一気にあか抜ける3つのコツ

HIDEMA RULE

「照明」「カーテン」「観葉植物」のテクニックで部屋の雰囲気は一変できる

どんな部屋でも、この3つのコツをおさえるだけで、ガラリと部屋の印象を変えることができます。どれかひとつ実践するだけでも、雰囲気を変えることができるので、ぜひ挑戦してみてください。

ひでまる流・部屋があか抜ける3つのコツ

① 〝多灯分散〟にする

②カーテンの質にこだわる

③観葉植物を置く

①〝多灯分散〟にする

インテリアにおいて、照明はとても重要な役割を果たしています。部屋の空気感を左右する大きな存在です。

私は照明をひとつではなく複数つけて部屋を照らす、〝多灯分散〟をおすすめしています。〝多灯分散〟にすると、部屋の見え方に奥行きが出て、立体感も生まれます。壁や天井への光の当たり方も変わり、空間の感じ方が変わります。照明を変えることが、部屋をあか抜けさせる最短コースかもしれません。

以前、VMD（ヴィジュアルマーチャンダイザー）としてお店のショーウィンドウをディスプレイしていたのですが、仕上げの作業は必ず〝照明〟でした。最後に明かりがついた瞬間に、世界観がまとまって最終的なコーディネートが整うのです。

日本の住宅は、大きい照明が真ん中についていることがよくあります。部屋全体の明るさだけを気にするならば、それでいいのですが、平面的な味気ない光になってしまいます。

では、どこに照明を配置するのがよいでしょうか。理想は、ダイニングテーブル、ワークデスク、リビングエリアなど、部屋の各エリアに専用のペンダントランプやデスクランプを配置することです。

ですが、部屋の状況的にむずかしいこともありますよね。そんな方におすすめなのは、**部屋の四隅に間接照明を置くことです。隅に照明を置くと、部屋自体が広く見えたり、目線を集める効果があります。**できれば、部屋の四隅を照らしてみてください。部屋の雰囲気が驚くほど変わるのを、体感していただけると思います。

ひとつだけ置く場合は、部屋の正面に対して、左の奥に置いてみましょう。そうすると、部屋に入ってすぐ目線がいく左側が広く見えます。

最近は、リーズナブルで質のいい照明器具がたくさん販売されています。イケアやニトリなどで充電式のポータブル照明もあるので、サイドテーブルやベッドサイドなど、移動させながら使うのもおすすめです。

照らす位置でも効果が違います。壁に光が当たると部屋が広く見えて、天井に当てると高く見えます。ふだん人間は頭上から日光を浴びているので、足元に照明があると特別感やリラックス感を味わえます。ぜひ〝多灯分散〟にチャレンジしてみてください。

⬆リビングの右奥の隅を照らしているペンダントランプ。ここでも三角に並べる法則を使っています。

⬆リビングの左奥に置いているイケアの照明。リーズナブルですが「高見えする」とよく言っていただきます。

②カーテンの質にこだわる

部屋に入ったときに、壁や天井などを除いて、視界に飛び込んでくる面積が一番広いのがカーテン。占める割合が多い分、部屋の質を左右するアイテムです。引っ越しのとき以来替えていないという人も多いと思いますが、ぜひ一度、見直してみてください。

一般的な布のカーテンもあれば、ブラインド、ロールスクリーンなど、いろいろな選択肢がありますよね。その分、どんなモノにすればいいか迷ってしまう人も多いようです。

ベランダなど開け閉めの回数が多い窓なら、布のカーテンが便利かもしれません。そうでない場所は、ブラインドやロールスクリーンにすると、部屋がシャープな雰囲気に変わるのでおすすめです。

もしイチからインテリアを作ろうと考えていて、部屋のテイストが決まっている方は、カーテンから決めた方がいいでしょう。それよりも先に、ソファーやテーブルが決まっているならば、そのテイストにカーテンを合わせましょう。

柄や色が印象的なお気に入りのカーテンが見つかったなら、それを部屋の主役にしてもいいと思います。ほかに見せたい家具などがあるならば、無地や落ち着いた色のモノを選んで、カーテンは脇役に回ってもらいます。カーテンを壁の色などのベースカラーにしたり、素材をリネンなどの軽いモノにすると、部屋が広く見えます。

我が家は、布のカーテンからバーチカルブラインドに変更しました。TOSOの「バーチカルブラインドデュアルシェイプstyleBホワイト」を選びました。素材や形が変わったことで、ナチュラルな雰囲気からモダンな印象へ、一気に変わりました。このバーチカルブラインドは汚れたところだけ外して洗えるのも便利で気に入っています。

③観葉植物を置く

インテリアアイテムとして私がおすすめしているのは、観葉植物です。

観葉植物は、部屋を癒やしの空間に変えてくれたり、スタイリッシュに見せてくれたりします。ときには間仕切りの役割も果たしてくれる万能アイテムです。

最近は、雑貨屋さんやインテリアショップ、ホームセンター、スーパーマーケットでも観葉植物が販売されていて、観葉植物ブームのようです。インターネットで購入することもできるので、大きめの鉢植えでも運搬の心配なく手に入れることができます。

⬆ブラインドはTOSOのルノプレーンというシリーズの生地。サラッとした質感でお手入れもしやすいです。

植物を選ぶときには、まず部屋のシンボルになるモノを購入することをおすすめしています。シンボルグリーンが決まっていると、それに合わせてほかの植物たちやインテリアアイテムを選ぶことができ、部屋全体の雰囲気をまとめられます。シンボルを選ぶのならば、90〜110cm以上のサイズがおすすめです。

デスクの上に置くのならば、15〜20cmくらいの高さを。部屋の間仕切りとしても活躍してもらうのなら、130〜150cmくらいがよいでしょう。パーテーションで仕切るよりも、圧迫感がなく、程よい目隠しになるので、洗練された空間に見せることができます。

植物を買ってもおしゃれな鉢が見つからないという声をよく聞きます。

私は東京・練馬区のオザキフラワーパークや東京駅近くのgarage TOKYOによく行きます。植物だけでなく、素材や大きさ、デザインが多様な鉢を数多くそろえています。

ほかにも、東京・南青山のSOLSO PARKやIDÉE、ACTUSなどは、植物・鉢ともにセレクトが素敵で気に入っています。初心者の方は、インテリアショップで鉢付きの植物を買うこともおすすめです。最近では、イケアや3COINSなどでもおしゃれでリーズナブルな植物・鉢を購入することができます。お店を覗(のぞ)いてみてはいかがでしょうか。

「植物は虫がつくのが怖い」という声もありますが、私が植物を買ってきたらすぐにやっている虫対策があります。「①鉢底から流れ出るくらい水をたっぷりあげる」「②虫対策のスプレーをする」「③竹酢液(ちくさくえき)をスプレーする」の3点です。

「①鉢底から流れ出るくらい水をたっぷりあげる」と、だいたいの場合、虫は鉢に残ることはありません。本当に気になる方は、鉢の高さと同じ水位の水をお風呂に溜めて、鉢ごと沈めると、虫がいる場合は出てきてくれます。

そして、植物を買ってきたその日に「②虫対策のスプレーをする」。おすすめは、住友化学園芸の「MY PLANTS虫からやさしく守るミスト」や「ベニカマイルドスプレー」です。

コバエやカイガラムシ、葉裏にかくれたアブラムシやハダニなどに有効です。
虫が苦手なニオイである「③竹酢液をスプレーする」のは、窓や玄関から入ってきてしまう虫対策に有効です。私は、200倍希釈の竹酢液を使っていて、水で薄めて2〜4週間に1回スプレーしています。

どの鉢から虫が出ているのかわからないときは、アースガーデン「BotaNice 土からわいたコバエ退治 粘着剤タイプ」もおすすめです。葉っぱの形をしていてかわいいですよ。

お世話や日当たりを考えなくてもいい、フェイクグリーンを取り入れるのもおすすめです。我が家も冷蔵庫の上や寝室など、日が当たらない場所に活用しています。フェイクグリーンを扱っているネットショップ、いなざうるす屋で購入したモノを飾っているのですが、間近で見てもとてもリアルなんです。

もしフェイク感が目立つグリーンをお持ちの場合でも、本物のグリーンと合わせて置いたり、目線より高い場所や目線から離れた場所に置いて照明とともにディスプレイすると、フェイクとは思えないクオリティに見えます。

上手に組み合わせると、見え方がガラッと変わりますよ。

⬆（左上）一番背が高い、ベゴニア・マクラータは110㎝。高さのバランスを考えて観葉植物を選ぶことをおすすめします。（右上）イケアのチェストの上に並ぶ植物たち。植物のケア用品はこちらに収納。窓枠の上にも小さい植物が並びます。（左下）こちらが植物のケア用品。「MY PLANTS」はデザインも気に入っています。竹酢液は好きなボトルに希釈して使用。（右下）フェイクグリーンには表と裏があるので、よく見て飾ります。目線よりも高い位置に置くと、本物っぽく見えます。

4-11

家電製品をインテリアになじませるコツ

HIDEMA RULE

家電は色、質感にこだわって自然素材と合わせよう

「家電の選び方がわからない」というお悩みもよくお聞きします。家電は無機質なモノなので、インテリアに違和感なくなじませるのがむずかしいと感じますよね。**私がアドバイスさせていただくときは、「家電は色にこだわるのがポイント」とお伝えしています。**

我が家のベースカラーのひとつに白があるので、白い家電にすると白の割合が多くなりすぎてしまいます。そこで、ブラックの家電を選びました。ブラックはどんな色とも相性がよく、インテリアが締まるので、部屋に取り入れています。

現在お持ちの家電を見渡してみてください。「赤い電子レンジだけが目立っている」という場合は、近くに赤いエプロンや鍋つかみをかけたり、赤系の花瓶や花を飾ってみましょう。

⬆キッチン家電は木と相性のいいブラックで。電気ケトル、
炊飯器、 電子レンジはマット系。 冷蔵庫は鏡面扉です。

⬆テレビを手放したので映画などを見るときにはプロジェク
ターで。XGIMIの「Halo+」をニトリのスクリーンに映します。

気になっている色とリンクする小物を数点まわりに飾ることで、悪目立ちしなくなるどころか、あか抜けて見えます。家電を買い替えなくてもできるインテリアアレンジです。

家電のまわりに、籐（とう）のカゴや木のトレイなど、自然素材のモノを置くというテクニックもあります。人工的なモノばかりだと、冷たい印象になりますが、自然素材のモノがあることでやわらかでナチュラルな印象を与えてくれます。リビングとキッチンがつながっているおうちにとくにおすすめです。

反対に、クールでモダンな空間を作りたいときは、人工的な素材感のモノやシャープな形のモノを合わせることもあります。

家電は色以外にも、質感の違いで印象を変えることができます。我が家の冷蔵庫は鏡面のブラック。なぜ鏡面を選んだかというと、キッチンが広く見えるからです。

一方でつや消しのマットな家電を選ぶこともあります。我が家の植物の鉢はマットな質感のブラックが多く、テイストが合うのでインテリアがまとまります。

家電単体を見るのではなくて、置く場所、つながっている空間全体を考えて家電を選ぶといいですよね。

第5章

"Room Stylist・整理収納アドバイザー ひでまる"ができるまで

Instagramで私たちの暮らしを発信しています

たくさんの方が見てくださったリール（動画）を一部ご紹介！

総再生回数3000万回超

平日のモーニングルーティン

222万回超

再生回数No.1のリールがこちら。私たちにとっては当たり前の毎日がこんなに注目されるなんて感激です!

朝から掃除機をかけるなんてたいへん!? でも、コンパクトな住まいなので、数分で終わるんですよ。

パートナーぶたじるさんも登場。彼は植物が大好きなので、自分の身支度よりも先に植物のお世話をします。

洗面下収納見せちゃいます

160万回超

下着類まで見せちゃっています。適当にまるめて放り込んでもきれいに収まるところが、お気に入りです。

「引き出しの中が見たい」というフォロワーさんのリクエストにおこたえして作ったリール。すべて開けます。

データは2023年9月現在のものです。

お仕事の日のルーティン

仕事の日の1日をご紹介したリールです。 2人でドタバタと働いて、 楽しくがんばっています。

2人のタイミングが合うときは、一緒にランチを食べます。 お互い忙しいので結構貴重な時間かも。

11周年記念プチパーティ

2023年3月31日でぶたじるさんとのお付き合いも11年目に突入。 いちごのケーキでお祝いしました。 丸10年が経った今も、こうやってお互い支え合えることをとてもうれしく思っています。これからもよろしく。

アイアンバーとブラインド

TOSOの「バーチカルブラインドのデュアルシェイプ styleB ホワイト」を設置したところが見られます。

バーチカルブラインドとブラックのアイアンバーを取り付けていただいた日のビフォー・アフターのリール。

商品をレイアウトする仕事から家を整える仕事へ

現在の仕事に就く前は、雑貨店やミュージアムショップの運営会社でVMD（ヴィジュアルマーチャンダイザー）として働いていました。同時に、企画営業の仕事もしていたので、アイテムデザインやカラーリングなどの知識はそのときに学んだものです。

楽しく働いていたのですが、ミュージアムショップも新型コロナの煽りを受けて2020年3月から休館に。VMDの仕事ができなくなり、商品在庫を割引してネット販売するなどしていました。「このままこの仕事を続けていけるのだろうか」と、日ごとに不安が募ります。

VMDや企画営業の仕事は楽しかったのですが、そうした日々を過ごすうちに、入社することができた会社の中で、「好きだなと思うことを選択してきただけなのかもしれない」と思ったのです。「本当に自分がやりたいことは、ほかにあるのではないか」と改めて考えはじめました。

コロナ禍以降、在宅で仕事をすることになったので、心地よい空間にするために、モノと向き合って片付けをはじめました。とはいっても、そこから一気に片付けられたわけではありません。いざはじめてみると、収納の中からモノを出したあとにどうしたらいいかわからず、そのまま元に戻すこともありました。

当時の私は「整理収納のやり方がわからない」という自覚がなく、むしろ得意だと思っていました。VMDの仕事のなかで、お店のバックヤードの管理をした経験があったからです。ただ、お店のバックヤードは商品が売れるとスペースが空いていきます。そのため、自分でモノの要不要を判断することが少なかったのです。

自分の家をいざ整理しようとすると、もちろん勝手にモノが減ってくれるわけではありません。あふれる洋服やいつ使うかもわからない好きではない雑貨たちを収納に押し込めるだけの日々でした。

2020年6月に、偶然自宅の近くで整理収納アドバイザーの講座が開かれていることを知り、軽い気持ちで2級を受講しました。

私は整理収納アドバイザーのことを、モノを収納に詰めるのが上手だったり、収納アイテムをたくさん知っている人だと思っていました。ですが、実際に勉強してみるとそれはほんの一部分で、**整理収納アドバイザーは、人とモノとの関係性を知っていて、それを人にお伝えすることができ、その人に合った暮らしを提案できる。**そんな職業だったのです。

はやる気持ちを抑えて家に帰り、すぐに片付けをはじめました。そこから空いている時間はすべて家の整理に充て、ひたすらモノと向き合う日々がはじまりました。モノの整理は過去の自分と向き合う作業です。今までモヤモヤしていた自宅の景色が少しずつ変わっていき、自分の内側も変わっていくような感覚だったのを覚えています。

部屋を整えていく作業が、自分の人生を考えることにつながり、生き方、友達、パートナーを大切にできるようになったのです。

これまでも、「誰かの役に立つ、私でなくてはならない仕事をしてみたい」という理由で、フリーランスや起業に憧れていたことはありました。しかし、自分に自信がなかったですし、考えることに自分でブレーキをかけていたのかもしれません。連日テレビで流れるコロナの状況を見ているうちに、「今、自分が死んだら、絶対後悔する」と思い、やりたいことに挑戦したいという気持ちが湧いてきました。

ひたすら片付け続け、「あとちょっとで完璧に片付く」というところまでたどりついたのが8月終わりの金曜日の夜でした。最後に整理したのは、靴のお手入れ道具と思い出BOX。昔もらった寄せ書き、母が撮ってくれた写真、自分でデザインしたぬいぐるみなど、どれも思い出が詰まったモノでした。日付は土曜日に変わり、すでに朝5時。「終わった！」と思ったらなぜか涙が出てきました。

自分の気持ちに蓋をする期間が長かった私ですが、「自分が変わることで、まわりの人のことも幸せにできるのかもしれない」と決意。「もしかしたら、私のように人生を模索している人がいるかもしれない」とゲイであることを顔を出して発信することも決心しました。

2021年1月から、資格取得に本格的に取りかかりました。ルームスタイリストプロ、住宅収納スペシャリスト、そして整理収納アドバイザー1級の資格を取りました。

パートナーのぶたじるさんの存在も大きかったです。最初に会社を辞めることについて話したとき、「大丈夫だと思う。ダメだったら専業主夫になればいい。2人で生きていくくらいは稼いでるから」と冗談まじりに言ってくれました。よき理解者がそばにいてくれてうれしかったです。

Instagramをはじめたのを見て、私のやりたいことが本気なんだということが伝わったようで、「ひでまるのほかにこんな（!?）整理収納アドバイザーは見たことないから、大丈夫！」と言ってくれました。それを聞いた私は「絶対にがんばる」と決意し、スイッチが入りました。それは、やさしく包み込まれて、不安を取り除いてくれたような感覚でした。

カミングアウトしてからの私

母と弟にぶたじるさんの存在を明かしたのは、2021年8月でした。そのときまでは、ゲイであることも家族はまったく知りません。その時点で、もう10年くらいぶたじるさんと一緒に暮らしていて、2019年にマンションを買ったことも言えずにいました。母に心配をかけるのではないかと思い込んでいて、ずっと黙っていたのです。

しかし、「このままではいけない、母と弟には本当の自分を伝えたい」と思ったのが、2021年8月。コロナ禍だったこともあり、ビデオ通話で伝えました。

「ビデオ通話で話したいことがある」と連絡した時点で、母は「どうしたの？ 何かあったの？」といつもと様子が違う私に戸惑っていました。緊張の中、ぶたじるさんのことや現在の仕事のことを真剣に家族に話しました。やはり母は驚いていたのですが、そのあとは「よかった。誰かと一緒に暮らしてることがわかってよかった。そんなに長いこと一緒にいて、幸せそうに暮らしていることがわかってよかった」と、たくさん「よかった」と言ってくれたのです。

一緒に話を聞いていた14歳離れた弟は、ビデオ通話の背景、部屋のほうに興味があって、

「元気ならよかったよ。遊びに行きたい」と言ってくれました。

そこからは予想もしていなかったペースで、応援してくれる人がどんどん増えていきました。個別向けの片付けサポートや、ルームツアーもスタート。整理収納を仕事にしようと思ってから1年足らずで、お客様から「楽しみにしてます」と言ってもらえるなんて、想像もしていませんでした。

こんなにも人生が変わるのかと自分自身が驚きました。状況が変わっただけではなく、人間として中身が入れ替わったような感覚です。**本当の意味で自分を大事にしたいと思いはじめ、まわりの人のことも大事にしたいと心から思うようになりました。**

失敗も迷いもありましたが、2021年の夏から今日まで立ち止まらずに走り続けてこられたのは、私のことを必要としてくれる人がいたからです。

そして、この本を手に取ってくださったみなさんがいてくれるからこそ、今も私は前進し続けることができています。感謝の気持ちでいっぱいです。

特別座談会

ひでまるについて語っていただきました

ゲスト | 大熊千賀さん（暮らしStyle代表 整理収納アドバイザー１級認定講師）
収納王子コジマジックさん（一般社団法人日本収納検定協会 代表理事）
能登屋英里さん（ビジュアルコンサルタント）

「〝みんな違って、みんないい〟だから仲良し」（大熊千賀）

ひでまる（以下、ひ） 今日はお時間を作ってくださってありがとうございます。今の私に大きな影響を与えてくれたお三方です！　じつはここにいるみなさんは、全員交流があるんですよね。

大熊千賀（以下、千） そうそう。一番最初にひでまるさんに出会ったのは私なんですよね。

ひ はい！　この仕事をはじめるに当たって最初に受けた講座、ルームスタイリスト2級の先生が千賀先生でした。

千 ひでまるさんの第一印象は、大きい体をすごく小さくしながら気を使って受講しているな、という（笑）。

ひ あのとき、千賀先生に背中を押していただきました。

千 ひでまるさんがお昼休憩のときに、ぶたじるさんとの写真を見せに来てくれて、「じつは私のパートナーは男性なんです。抵抗ありませんか？」と言ってきて。初対面だったのに、ひでまるさんを叱ってしまいました。

ひ 「こんなに幸せそうなのに、なんでそんなことを言うの？」と千賀先生は言ってくださいましたね。その頃は、受け入れてもらえないんじゃないかとドキドキしていました。千賀先生は「自分に自信を持って進んでいきなさい！　あなたの家は芸術だよ！」と手を握って励ましてくださって。「こんな風に言ってくださる人がいるんだ！」と感動して、この人についていこうと決意しました。それから、千賀先生にたくさんのことを教えていただきました。

能登屋英里（以下、英） 大熊先生とひでまるさんが出会った数か月後に、ひでまるさんと知り合いました。私は大熊先生のもとでスタッフとして働いていた時期があって。Ｃｌｕｂｈｏｕｓｅ（音声配信ＳＮＳ）で大熊先生が私を指名してくれて、はじめてひでまるさんと話したんです。

ひ　英里さんの得意分野の防災のお話でしたね。

英　防災の講座を受けて知識があったので、「奥様にこんな風に情報共有したらいかがですか？」と言ってしまったんですね。Clubhouseでの配信が終わってから、男性パートナーと暮らしていることを知って、「ごめんなさい」とInstagramでDMをしたことから仲良くなりました。

ひ　じつはその1年前くらいから、『北欧、暮らしの道具店』さんのYouTubeチャンネルのモーニングルーティーンを拝見していたんです。『整理収納を仕事にする 片づけのプロ10人に聞く、暮らしと人生の整え方』（竹村真奈著、翔泳社刊）という本にも、英里さんが載っていて、英里さんのページばかり読んでいて。

千　ひでまるさんが講座に来てくれた日に、その本を見せてくれて。「英里ちゃんなら、一緒のチームで仕事をしているよ」という話になったんだよね。

大熊千賀（おおくま・ちか）

整理収納アドバイザー
ルームスタイリスト・
プロ住宅収納スペシャリスト

全国で18万人以上いる整理収納アドバイザー資格保有者中、35名だけが持つ1級の認定講師として活動中。3児の子育てをしながら、多くの現場経験を経たからこそ伝えることができる、お客様と同じ目線のアドバイスが好評を博す。個人、企業からのリピートが多く、現在では多彩な10名のスタッフとともに活動している。

英　あとから気づいたんですが、大熊先生は、ひでまるさんと私がClubhouseで話すように取り計らってくださったんです。その後、ひでまるさんは私の自宅に遊びに来てくれて、今ではすっかり娘も懐いています。

ひ　英里さんと整理収納アドバイザーのキーコンさんが主催している講座でSNSの発信の方法を学んだり、これから仕事をどんな風にやっていこうかということまで相談に乗っていただきました。頼れるお姉さんのような存在です。

千　私は「みんな違って、みんないい」っていう言葉を大事にしているんです。みんなが認め合ったら、揉めることも悩むこともなくなって、世界平和につながると本当に思っていて。私たち同じ業界にいますが、仲良しですもんね。

コジマジック（以下、コ）　そうですよね！　片付けの業界自体を大きくするためにも、あまりバチバチやっても……という考えを僕自身も持っています。いろいろな団体がありますが、みんな目指すところは一緒なんだから仲良くしたいですよね。だから、SNSで同業の人の情報もチェックするんですよ。

ひ　InstagramにコジマジックさんからDMが来て、ぶたじるさんとビックリしながらよろこんだんです！

コ　「最近SNSでよく見かけるけど、ひでまるさんってどんな人なんだろ？」とすごく気になっていたんですよ。千賀さんとつながっているし、ヘンな人ではないんだろうなとは思って（笑）。Instagramを覗いたら、「めちゃくちゃ面白いキャラクター出てきたやん！」と思ってすぐにDMしました。

ひ　ずっと前からコジマジックさんをテレビで見ていて、男性の方もこの業界で活躍されているんだなと思っていたんです。DMをいただいてまず思ったのは「会えるんだ！」ってうれしくて。コジマジックさんのYouTubeチャンネルに出演させていただいたこともとても光栄でした。

「新しい風を吹かせた新世代」（コジマジック）

コ　ひでまるさんに僕のＹｏｕＴｕｂｅチャンネルに出てもらったときに、「私がこんな風に仕事をしたいなと思って憧れている人がいるんです」と紹介してくれたのが、英里さんなんです。それで英里さんのお宅にもＹｏｕＴｕｂｅロケに行かせてもらって。僕は整理収納アドバイザーになって10年以上経つのですが、ここにきて〝英里軍団〟が新しい風を吹かせてくれているなと感じるんです（笑）。

英　〝英里軍団〟!?

コ　展示会に行くと、マダムの千賀さんのグループがいて、僕らのやかましいグループがいて……、向こうから、髪がピンクや青の華やかな英里軍団がやってくるんですよ！　そこにひでまるさんがいるという。なんかちょっと違うぞと。今の新しい風を入れてくれるのが、〝英里軍団〟ですね。

千　この話を聞いて、私たちがみんなつながっているのがなぜかわかった気がします！　みんな自分自身も楽しみつつ、人を楽しませたいと思っている人がつながっていったんでしょうね。とくに、ひでまるさんは人を包み込んで、癒やしていく力を持っていると思います。

英　インスタライブがそれですよね！　コメントをしっかり読んで答えてくれる。回を重ねるごとに視聴者も増えてますよね。

ひ　ありがたいことに、私のお客様の90％以上がインスタライブを見てくれた方なんです。

「〝絶対この人なら聞いてくれる〟と思わせる力がある」（能登屋英里）

ひ　コジマジックさんは、いつも私に「今は忙しい時期だけど、無理しないでね。休んでね」と言ってくださるんです。大先輩なのに、私にまでやさしくしてくださって。私もそんな風に仕事をしていきたいと影響を受けました。

コ　なに？　今日は褒める会なの？（笑）。じつは僕自身が、整理収納アドバイザーとしてテレビに出だしたときに、忙しすぎて心身ともにたいへんな思いをしたので。あのときにこうしておけばよかったというようなことを、ひでまるさんに伝えたくて。「ここががんばりどき！」というタイミングはあるとは思うけど、長く愛され続けることを目指していくためにも無理をしないでほしいと思います。このキャラクターはなかなかいないからね！　大事にしないと！

英　「絶対この人なら聞いてくれる」と思わせる力がひでまるさんにはありますよね。私とひでまるさんは、住宅メーカーさんとの取り組みなどで一緒にお仕事をさせてもらっていますが、これからも世界を広げていけたらいいなと思っています。

収納王子コジマジック

一般社団法人日本収納検定協会 代表理事
ケイスタイル株式会社 代表取締役
松竹芸能 タレント

芸歴約30年のキャリアを持ちながら、片付け・収納・住まいに関する圧倒的な知識と実績を持つプロフェッショナル。親しみやすい語り口とビジュアルで、主婦層を中心に厚い支持を受ける。整理収納に“笑い”を取り入れたセミナーが話題となり、多数の講演実績や著作を持つ。YouTubeチャンネル『収納王子コジマジックちゃんねる』も人気。

コ　僕はメディアを中心に活動しているので、ひでまるさんとはトークライブなどで、片付け業界から発信していけたらなと期待しているんです。

千　「みんな違って、みんないい」と声をかけたところから、こんなに自分の世界を広げてくれたひでまるさんに感動しています。自分らしく生きていける人を増やす取り組みを、一緒にやっていけたらと思っています。

コ　いいタイミングで休みつつ、ぶたじるさんとの時間も大事にして、体を壊さないようにね。ひでまるさんは、自分が心地いいと思う発信をするリーダーになれると思います。

ひ　みなさんの言葉にやさしさがあふれていて、涙が出そうです！　ありがとうございました。自分の先を歩く先輩たちが、素敵な方々でうれしいです。自分を見失わないように、一歩一歩無理をせずに進んでいけば、きっと家を変えて人生も変えられる人を増やせると信じています。これからも、みなさんよろしくお願いします！

能登屋英里（のとや・えいり）

ビジュアルコンサルタント
整理収納アドバイザー
インテリア・リノベーションアドバイザー

自らがデザインしてフルリノベーションした、築50年52㎡のマンションに在住。15年のアパレルディスプレイで培ったバランス感覚と、整理収納のプロとしての知識で、実用的かつおしゃれな収納を実現。整理収納・インテリアアドバイスをはじめ、リノベーションコンサル、オンラインサロン「Ei-RiNOVE」など、幅広く活動中。

おわりに

ここまで読んでくださりありがとうございました。

「ルールを知れば私でもできる気がしてきた」「今日から片付けやインテリアで部屋を心地よくするぞ」と少しでも思っていただけたら、これほどうれしいことはありません。

最後にお伝えしたいことがあります。

最初は、私自身が誰かにメッセージを送ること、この本に書いた内容をお伝えすることはできないと思い込んでいました。とてつもなく壮大なことに思えていたのです。「私が感じたことを発信したり、誰かに伝えたりして意味があるのかな？」と悩んだり、「特別なことをしないと人には伝わらないかも」と不安になったりしていました。

そんなときに、お客様やファンの方から、「ひでまるさんにお願いしてよかった」「いつも元気をもらっています」とメッセージをいただき、自分がやるべきことがだんだんとわかってきました。

「不器用でもいいから、ただひたすら諦めずに伝え続ける、発信するのが大事」だということ。そして、「1日1歩でも、0・5歩でもいいので、前進すること。その継続が大事」だと気づいたのです。

片付けや部屋作りも一緒で、「今これをやって部屋全体が片付くのはいつになるの?」「ここをスタイリッシュにしてもほかの部屋が残ってるし、やる意味ある?」と迷うこともあるかと思います。

でも、今日のその1歩がなければ部屋は完成には近づきません。1歩ずつでもひたすら継続していけば、部屋はかならず完成するのです。

今から部屋を整理しようと思っているみなさんへ。

不安なこともあるかもしれませんが、安心してください。少しずつ、1箇所ずつ取り組んでいけば大丈夫。わからなくなったら再びこの本を開いて、自分の気持ちを確認してみましょう。心から応援しています。

最後になりましたが、この場をお借りして感謝の気持ちを伝えさせてください。

私を必要としてくださるお客様。ＳＮＳで応援をしてくださるみなさま。私がこの仕事をするためのマインドを教えてくださった大熊千賀先生。片付け業界を牽引（けんいん）し、私にも熱く思いを語ってくださる収納王子コジマジックさん。私のあこがれの存在であり、いつでも自分のことのように親身になってくださる能登屋英里さん。

私の活動をやさしく見守ってくださる小学館の戸沼侚子さん。素敵な本にしあげてくださったデザイナーの藤田康平さん。私とぶたじるさんの大好きな空間をいつもと違う角度で切り取ってくださったカメラマンの鈴木静華さん。はじめての著書でわからないことだらけだった私に寄り添ってくださり、たいへんなときも一番近くで支えてくださった、上紙夏花さん、大川朋子さん、奥山典幸さん。

無条件に私を応援してくれる母。不器用だけどまっすぐに気持ちを伝えてくれる弟。私の活動を見守ってくれる友人たち。刺激をくれたり、サポートしてくれる仕事仲間たち。

そして、どんなときもやさしく包み込むように支えてくれる、パートナーのぶたじるさん。

みなさんに感謝の気持ちでいっぱいです。

２０２３年11月　安藤秀通（ひでまる）

商品の購入先一覧

アース製薬（BotaNice）〈P182〉
https://www.earth.jp/earthgarden/botanice

ACTUS〈P173〉
https://www.actus-interior.com/

イケア〈P160、P177、P183〉
https://www.ikea.com/jp/ja/

unico〈P155〉
https://www.unico-fan.co.jp/

ARAS（エイラス）〈P88〉
https://aras-jp.com/

XGIMI〈P185〉
https://jp.xgimi.com/

オークス（レイエ）〈P64〉
https://aux-store.com/

カインズ〈P98〉
https://www.cainz.com/

川口工器〈P123、P124〉
https://www.kawako.net/

KINTO〈P136〉
https://kinto.co.jp/

the Farm UNIVERSAL Ginza〈P145〉
http://the-farm.jp/

ZARAHOME〈P157〉
https://www.zarahome.com/jp/

Standard Products〈P88〉
http://standardproducts.jp/

住友化学園芸〈P181〉
https://www.sc-engei.co.jp/

Seria〈P122、P132〉
https://www.seria-group.com/

DAISO〈P131、P132〉
https://www.daiso-sangyo.co.jp/

タオル研究所〈P97〉
https://www.amazon.co.jp/

TOSO〈P179、P180、P189〉
https://www.toso.co.jp/

ドクターマーチン・エアウエア ジャパン
（ドクターマーチン）〈P58〉
https://jp.drmartens.com/

ニトリ〈P101、P131、P132、P185〉
https://www.nitori-net.jp/ec/

BEAMS〈P88〉
https://www.beams.co.jp/

ビルケンシュトック〈P58〉
https://www.birkenstock.com/jp

WMF（フュージョンテック ミネラル）〈P89〉
https://www.wmf.co.jp/

平安伸銅工業（DRAW A LINE）〈P173〉
https:www.heianshindo.co.jp

無印良品〈P51、P60、P72、P73
P117、P131、P132〉
https://www.muji.com/jp/ja/store

山崎実業（tower）〈P132、P133〉
https://www.yamajitsu.co.jp/

ライクイット〈P45〉
https:likestore.like-it.jp/

※店舗によって品揃えが異なり、在庫がない場合があります。

安藤秀通（ひでまる） Profile

1988年1月1日千葉県生まれ。「ひでまる」として、東京都杉並区にある築35年リノベマンションでの男性パートナーとの2人暮らしを、SNSを中心に発信、幅広い世代で話題を呼ぶ。2021年、インテリア＆整理収納のサポートをするRoomStylistとしてデビュー。ディズニーストアや美術館、水族館ミュージアムショップにて8年間VMD（ヴィジュアルマーチャンダイジング）を学んだ経験を活かしたルームスタイリングは、数か月先まで予約がうまるほど。また、部屋作りの情報を詰め込んだルームツアー付きセミナーを自宅にて開催し、人気を博している。そのほか、地域公共施設でのセミナー、企業依頼（イケア、無印良品など）の整理収納セミナーやコラム執筆など、多方面で活動中。『NHK WORLD JAPAN』にて部屋と人を密着取材した番組が世界52か国で配信中。

Instagram @hidemaroom
TikTok @hidemaroom
YouTube @hidemaroom

47㎡、2人暮らし 大好きだけが並ぶ部屋作り

2023年11月22日　初版第1刷発行

著　者　安藤秀通（ひでまる）
発行者　下山明子
発行所　株式会社　小学館
〒101-8001　東京都千代田区一ツ橋2-3-1
電話／編集　03-3230-5125
販売　03-5281-3555
印刷所　共同印刷株式会社
製本所　牧製本印刷株式会社

ブックデザイン／藤田康平（Barber）
組版／前川亮介（Barber）
撮影／鈴木静華
写真／ひでまる
構成／上紙夏花
企画・編集／株式会社マーベリック（大川朋子　奥山典幸）
編集協力／嶋屋佐知子
校閲／玄冬書林
Special Thanks／ぶたじる　大熊千賀　収納王子コジマジック　能登屋英里　冨永徳秋

ISBN978-4-09-311555-1

制作／遠山礼子　斉藤陽子
販売／中山智子　宣伝／鈴木里彩　編集／戸沼侚子